JN411429

끊임없는 도전의 삶

내삶, 나의 이야기
002

이상경

초판 1쇄 발행 2017년 12월 29일

기 획 무형문화연구소
기 록 유재철
펴낸이 홍기원

총괄 홍종화
편집주간 박호원
편집 · 디자인 오경희 · 조정화 · 오성현 · 신나래
김윤희 · 이상재 · 김혜연 · 이상민
관리 박정대 · 최기엽

펴낸곳 민속원
출판등록 제18-1호
주소 서울시 마포구 토정로 25길 41(대흥동 337-25)
전화 02 804-3320, 805-3320, 806-3320(代)
팩스 02) 802-3346
이메일 minsok1@chollian.net, minsokwon@naver.com
홈페이지 www.minsokwon.com

ISBN 978-89-285-1138-9
SET 978-89-285-1094-8 94330

이 도서의 국립중앙도서관 출판시도서목록(CIP)은 서지정보유통지원시스템 홈페이지(http://seoji.nl.go.kr)와 국가자료공동목록시스템(http://www.nl.go.kr/kolisnet)에서 이용하실 수 있습니다.(CIP제어번호: CIP2017034768)

※ 책 값은 뒤표지에 있습니다.
※ 잘못된 책은 바꾸어 드립니다.

내삶, 나의 이야기

002

기록 유재철

민속원

서문

1980년대 오스트리아 빈 대학에서 연극학을 공부한 나는 빈에 정착하게 되었고, 개인적으로 오스트리아 이민사, 더 나아가 유럽 이민사에 관심을 갖고 자료를 수집하고 있었다. 그러던 중에 전북대학 부속 무형문화연구소에서 일하고 있는 대학 후배인 이종주 전북대 국문과 교수를 빈에서 만나 무형문화연구소와 그 전신인 20세기 한국민중생활사 연구소에서 해온 일을 듣게 되었다. 현재 유럽에는 2015년 현재 65만 명의 교민들이 살고 있다는 데 그 수는 점점 더 늘어날 전망이다. 5, 60년대에 유럽으로 오신 분들은 이미 고령이고 그분들 또한 20세기 한국민중생활사의 중요한 자료들을 소지하신 분들이기에 그분들이 유럽으로 이주하기 전의 삶의 중요한 기억들을 기록으로 남기지 않는다면 큰 자료 손실이라 여겨진다. 유럽 한인 이민사에 대한 나의 관심사는 무형문화연구소 작업의 해외 확장 선상에 놓일 수 있다는 이교수의 의견에 나는 전적으로 동의하였다. 그리하여 나는 이분들의 기억을 기록화하는 일명 정신유산지기의 일을 기꺼이 맡기로 하였다.

이 작업의 첫 번째 주자로 나는 60년대 초에 한국을 떠나 오스트리아 빈대학 정교수가 되고, 빈 대학에 한국학과 설립을 위해 20여 년 이상 애쓰셨던 이상경박사(1934년생)를 선택하였다. 이상경 박사를 처음 알게 된 것은 30년전 내가 빈 대학 연극학과 재학시절이다. 이박사는 그 당시 일본학과 소속의 도첸트*로서 '일본 연극이 유럽 연극에 끼친 영향'을 강의하고 있었는데 나는 그 강의를 들었다. 30년이 지난 지금 그 당시의 강의 내용은 거의 다 잊어버렸으나 너무도 열심히 강의하시던 모습은 지금도 생생히 기억한다.

1934년 대구에서 태어난 이박사는 일제치하 시대에 어린 시절을 만주 길림성과 대구를 오가며 보냈고 특이하게도 어린 시절의 기억 속에는 일본인에 대한 나쁜 인상이 전혀 없었고, 오히려 일본인들의 좋은 기억만이 남아 있었다. 그의 진술에 솔직히 말하면 나는 어느 정도 놀랐다. 그리고 일본인에 대한 그의 좋은 기억은 평생 일본 연극 연구에 몰두하게 한 동인이 되었다. 어릴 때의 기억들이 한 인간의 평생을 좌우한다는 사실이 이박사를 통해서도 확인된 셈이다. 학구열이 대단했던 이 박사는 고등학교 시절 외국에 대한 관심도 동료들보다 월등히 커서 자기 방 벽에 세계지도를 붙여 놓고 외국 어디로 가서 공부할까 늘 그 궁리를 했다고 한다. 고등학교 1학년 때, 6.25 전쟁이 발발했고 웬만한 청장년은 보이는 대로 잡아가 군복을 입혀 며칠의 군사훈련을 시켜서 전선으로 보내졌다 한다. 친분이

* (Dozent) 독일어권 대학에서 교수자격 시험(논문과 구두시험)을 통과하여 교수가 된 사람을 일컷는 직위 이름. 도첸트는 우리 나라의 전임강사에 해당된다고 말할 수 있으나 학문적 업적면에선 도첸트가 한국의 전임강사보다 훨씬 우위에 있다고 말할 수 있다.

있던 경찰서장의 권유로 여장을 하고 어딘가로 가던 이박사가 붙들려 유치장에 있을 때 그를 구해준 사람이 바로 1979년 박정희를 사살한 김재규(당시 중앙정보부장)다. 이 사실을 이 박사는 52년 동안 같이 살아온 자기 부인에게도 말하지 않았는데 이번 인터뷰에서 용기를 내어 내게 말을 했으며 "이제 말해도 되겠지? 유선생." 나는 "그럼요. 이제 뭐가 문제 되겠습니까?" 라고 이박사에게 되물었다. 김재규가 전선에서 병이나 요양 차 후방으로 빠지는데 그의 운전수가 이박사 부친이 운영하던 자전거 점포의 일꾼이었기에 김재규를 이박사 부모에게 소개 시키고 한 달여 그 집에서 요양하였다 한다. 그 인연으로 김재규가 신세를 갚으려고 이박사를 도와주게 되었다. 고등학교 1학년생인 이박사에게 군복을 입혀 김재규가 연대장으로 있던 부대에 체류하도록 했다는 것이다. 그러나 이박사와 김재규의 인연은 후에 악연으로 바뀌고 그 당시의 군대와 사회 현실이 이박사가 유학의 이름으로 하루라도 서둘러 한국을 떠나는 계기가 된 사실들과 오스트리아 여인과의 결혼과 정교수가 되기까지의 갈등과 해소가 그의 진술 속에 생생하게 드러나고 있다.

6.25 전쟁 중이나 그 후에 태어난 세대들은 6.25 전쟁의 실상을 역사가 기술한 역사책 또는 언론을 통해 배웠다. 빨갱이 북한군이 남침을 하면서 양민을 학살하고 폭탄이 터지고 피가 튀는 장면만이 6,25의 실상으로 우리의 뇌리에 박혀있다. 나 또한 그런 사고방식이었는데 이박사의 진술을 들으면서 그것은 일부분만이 사실이라는 것을 확인할 수 있어 이 또한 나에겐 충격이었다. 부분이 전체를 대변할 수는 없다. 우리는 어쩌면 역사의 많은 부분에서 왜곡된 역사

를 사실인양 믿고 살아온 셈인지도 모른다. 민중들이 보고 체험한 생생한 기록과 자료들이 더욱 더 많이 수집, 분석된다면 우리의 역사도 새로운 면모를 갖추리라 여겨진다.

나는 비엔나에 정착하여 살면서 한국을 떠나 사는 해외 동포가 전세계에 8백만이 넘으며 비공식 집계까지 합하면 유럽에도 그 수가 백만은 족히 되리라는 얘기를 들었다. 50년대에 오스트리아에 온 한국인은 불과 몇 십명에 불과 했으나 60여년이 지난 지금은 정착한 사람만도 수천명에 달한다. 이미 50년대부터 오스트리아에서 한국동포의 역사는 시작되었고 누군가는 이 역사를 기술해서 후대에 남겨야 한다고 나는 생각했다. 더 나아가 유럽에 있는 각기 다른 나라의 한인 이민사가 기술되고 종합 분석 작업을 거쳐 궁극적으로 유럽 한인 이민사가 쓰여진다면, 유럽이란 다른 문화권에서 살아간 한국인들의 정신 유산이 후대에 전해져 그들의 삶에 적지 않은 반향을 줄 것이다.

나의 앞으로의 계획은 오스트리아뿐만 아니라 유럽 전역에 이박사처럼 오래 전에 한국을 떠나신 분들의 생애사를 계속해서 기술해 나가면서, 유럽 한인 이민사에 관심있는 유럽 여러나라의 한인 분들과의 지속적인 접촉을 통해 궁극적인 유럽 한인 이민사 발간의 초석을 마련하는 것이다.

53년간 결혼생활 동안 세 자녀(두 딸과 아들)와 3명의 손자, 2명의 손녀를 둔 이박사는 이제 모든 일선에서 물러나, 늘 학문적 동반자였던 아내(마가렛)와 비엔나 숲에 인접해 있는 마을에서 평온한 노후를 보내고 있다. 정작 그는 자신의 자녀들에게 한국어를 못 가르친

▲
이박사의 집에서 인터뷰하는 장면

▶
이박사의 집 정원에서

점에 대해 제일 아쉬워하는 모습이었다. 앞으로 건강히 오래 사시길 기원한다. 이박사와의 인터뷰는 2016년 7월, 4차례의 만남으로 이루어졌고 이박사의 한쪽 눈은 거의 시력을 잃은 상태라 교정작업이 수월치 않았지만 끝가지 열성을 보여주셨던 이박사님과 이 책이 만들어지기까지 애써주신 연구소 소장 함한희 교수님, 박순철 교수님, 이종주 교수님, 정성미 연구교수님과 그 밖에도 도움을 주신 연구소에 계신 많은 분들께도 감사드린다.

유 재 철

차례

1.
일제 강점기하의 어린 시절

출생과 부모에 관하여

유재철 오늘 이렇게 제가 박사님과 이야기 나눌 수 있게 허락해주셔서 정말 감사합니다. 지난 번에 저희에게 잠깐 말씀해 주셨듯이 정말 파란만장한 그 격변기를 다 살아 오신 것 아닙니까? 선생님의 삶의 이야기를 듣게 해주셔서 다시 한번 감사 드리고요. 언제, 어디서 태어나셨고 이런 것부터 차근차근 말씀해주시면, 중간 중간에 제가 질문 드리겠습니다.

이상경 제가 태어난 곳이, 대구에서 조금 떨어져있는 화원이라는 곳에서 태어났습니다. 현재는 대구시의 일부입니다만 그 당시에는 달성군이었죠. 근데 우리 어머니가 거기에서 태어나서 그랬는지 내가 태어날 때 좀 걱정스러워 당신 부모님 댁에 찾아가서 나를 낳게 되었다고 합니다.

유재철 그러니까 친정 집에 가셔서 낳으신 건가요?

이상경 외가죠. 외가에 가서 내가 태어나게 되었는데.

유재철 1934년?

이상경 10월 2일이에요. 내가 태어난 것이 아마 해가 뜨고 나서 아침 일찍 태어났다고 합니다. 태어났는데 그날 밤에 우리 어머니가 꿈을 꾸었는데, 돼지가 방바닥 밑에서 꿀꿀거리며 돌아다니는 꿈을 꾸었다고 합니다. 그래서 우리 어머니는 그것을 좋은 징조로 해석하셨다고 하는데. 우리 어머니가 4남매 중에서 막내로 교육을 받은 사람이 자기밖에 없었다고 합니다. 네 살 인가 다섯 살 때 오빠한테 업혀서 시골에, 그 당시에 서당, 서당에 가서 한문을 배웠지요. 한문을 배우고 나서 그 후에 국민학교 제도가 생겨가지고 국민학교에 다니게 되었다고 합니다.

유재철 어머님이 박사님 낳으셨을 때의 연세가 어떻게 되죠?

이상경 23세입니다.

유재철 어머니 어렸을 때가 1910년대 초?

이상경 네, 그 당시겠죠. 그 당시 그 부근에 국민학교가 생겨서 서당을 좀 다니다가 그 다음에 국민학교에 입학을 해서 다니다가 6학년을 마치고 대구 사범 초등학교 교육자 양성소에서 속성과를 나와서, 지금 대구 비행장 근처의 동촌이라는 데서 국민학교 선생을 했습니다.

유재철 그게 몇 년도죠?

이상경 연도는 모르겠어요. 23세니까, 내가 34년생이니까…아마 선생이 된 것은 한 30년도, 20년도 말이겠지. 20년대 말인지, 30년대

초인지.

유재철 어머님이 1910년생이신 거죠?

이상경 네. 그 정도입니다. 그런데 그때 우리 부친이 화원에 농업지도원으로 외가 집에서 살았던 모양입니다. 그래서 서로 알게 되어서 결혼을 했다고 합니다. 했는데 그 후에, 결혼을 하고 나서 부친이 달성군청, 영일군청에서 농업지도원으로 일하면서 가만히 생각하니까 자기가 그런 일만 해가지고는 도대체, '가족을 옳게 먹여 살릴 길이 없지 않을까. 별로 장래성이 없는 직업이 아닐까?' 하는 생각이 들어서 일본사람들이 하는 식량영단. 이것은 만주에 있는 관동군에게 양식을 보급하는 그런 역할을 한 회사 같습니다. 일본 사람들이 하는 회사인데. 거기에서 일할 사람들이 모자라니까 한국에서, 옛날 조선 땅에서 사람들을 찾아서 그 곳에 파견을 했어요. 그래서 고용이 되어 파견을 받아서 그 지방에, 그러니까 길림성*인데 길림성 중에서도 서란현 평안진이니까 아주 조그만 도시입니다. 시민이 한 4만 쯤 되는 그런 조그마한 도시인데. 그 근방에 우리나라 사람들이 많이 살고 있었습니다.

* 중국어로는 지린성(吉林省). 조선의 북부지역. 일명 만주의 일부지역. 고구려가 그곳을 거점으로 강대국을 형성하였다한다.

4세때 모친과 만주로 이주

유재철 그때 그러면 아버님하고 어머님하고 다 같이 가신 거죠?

이상경 같이 안 갔어.

유재철 혼자 가셨어요? 아버님 먼저요?

이상경 혼자 갔어.

유재철 그게 그러니까 박사님이 몇 세 때죠? 낳자마자 가신 건가요?

이상경 그것이 3살 때 인가. 3살, 4살 되지 않아서 우리 부친이 먼저 가시고. 가셨는데 이제 우리 어머니가 생각해보니까 '가족이 같이 있어야 하지 않을까' 해서 나중에 내가 4살 때 만주 땅으로 가게 됩니다. 가게 되는데 벌써 가족 수가 늘어서 5명이나 되니까. 여동생들이 생겼어. 둘이나 생겼어. 가기 전까지 둘이 더 생겨가지고 그 가족을 전부 데리고 만주로 옮겨가야 하지 않습니까?

일본인에 대한 첫인상

유재철 그러면 아버님이 가셔서?

이상경 아니야.

유재철 그러면 어머니하고 동생들하고만

이상경 나하고 네 사람만 가게 되는데. 그 기차가 어디에서 떠나는가 하니까, 부산에서 떠나는데 중간역인 대구에서 타니까 벌써 부산에서부터 일본사람들로 꽉 차 있어. 그 당시만 하더라도 구주(九

1938년4세때 만주 가기 직전 모습

州: 규수)* 에 있던 일본 농촌 사람들이 만주로 옮겨가는 그런 단계에 있었거든. 대구에서 가니까 자리가 없잖아. 자리가 없으니까 우리 어머니가 이삿짐을 이렇게 포개놓고는 거기다가 애들을 앉혀가지고, 애들이 앉아있으니까 고단해서 또 누우려고 하니까. 눕혔는데 일본 사람들이 보고는 아주 안타깝게 느꼈는지 자기네들도 오래 타고 가야 하는 데, 몇 사람 일어서서 애들한테 자리를 줬어요. 네

* 일본 남쪽의 섬.

살밖에 안 됐지만 그 당시에는 감동이라기 보다도 어리니까 그런 생각까진 나지 않았어도 아주 고맙다는 마음은 들었었지.

유재철 기억나시는 게 그때부터 신가요?

이상경 그때부터지.

유재철 기차 타고 가실 때.

이상경 그것이 나하고 일본사람들하고 첫 접촉인데 그 인상이 내 평생에 남아 있잖아요. 그래서 일본에 대해서, 일본사람들이 우리를 식민지화해 가지고 나쁜 짓도 많이 했다고 해도 나한테는 그런 적대감이 오진 않아. 그런데 그 당시만 하더라도 기차가 느리니까 우리가 그때 대구에서 기차를 타고 그 할빈(하얼빈)까지 나흘 걸렸어요. 가는데, 어떻게 해가지고 도착하니까 우리 부친이역에 나와 계셨어. 근데 그것이 역 플랫폼이 바로 안중근 의사가 이등박문(이토 히로부미)을 쏘아서 죽인 하얼빈역 그 플랫폼.

만주 길림성으로 이주한 부모의 삶과 주변 실상

유재철 그 사실은 나중에 아신 거죠?

이상경 그건 나중에 알았어요. 그런 일이 생긴 것이잖아요? 그때는 어리니까 그런 생각이 없었지만 나중에 안 일이었지만, 그때 부친이 알아서 우리를 픽업해서 우리가 살게 될 곳으로 데리고 가셨어. 근데 길림성이 좀 넓지만, 제일 북쪽이니까 하얼빈에 가까운 곳입니다. 그러니까 하얼빈에서 평안진이라는 데에 가서 사는데 우리 어머니는 하도 고생하다가 오셨으니까 어떻게 해서라도 돈을 벌어 보려고 별별 짓을 다 하게 되죠. 그래서 처음에는 조그만 음식점 이라 할까, 여관 이라 할까, 그런 것을 만들어가지고 자기 혼자서 밥을 만들었는데 일본 개척단 사람들이 많이 들락날락해서 그게 조선족보다도 일본사람들이 많이 와서 이용을 해준 모양이야.

유재철 밥집이네요?

이상경 밥을 지어가지고 일본사람들한테 밥을 먹이고 하는 그런 간단한.

유재철 그때 그럼 화폐는 어떻게 돼요?

이상경 물론 만주에 화폐가 있었죠, 그 당시에. 만주 화폐죠.

유재철 일본 돈은 아니죠?

이상경 일본 돈 아니에요. 만주 돈이에요. 그러다가 좀 더 그것을 확장 해보려고 친척들을 불렀잖아. 그 당시에만 하더라도 우리나라에는 실업자들이 얼마나 많았는지 몰라요. 그러니까 친척 중에서 아무런 일이 없는 사람들을 불렀어요. 불러가지고 그분들하고 같이 우리 살 집을, 우리 집이라기보다 여인숙이라고 할까, 여관이라고 할까, 그런 것을 지었습니다.

유재철 직접 만드는 건 어떻게 되는 거에요?

이상경 그러니까 간단히 목재를 사가지고, 집을 지을 줄 아는 사람이 있어서 그 사람의 지도로 어떻게 적당히 지은 것 같습니다. 어리니까 내 기억에는 잘 안 남았는데 조금 큰 집같이 생각했었는데 나중에 그곳에 가보니까 그렇게 크진 않다는 생각을 했습니다. 그래서 그 집을 지어 그렇게 살면서 일본사람들과 관계를 좀 많이 가진 것 같습니다. 또 일본 샤미센*을 칠 줄 아는 여자 분이 우리 집에 채용이 돼가지고 거기서 같이 살고 있었는데. 근데 마을이라고 하기 보다는, 조그만 도시인데 일본사람들이 몇 사람 없었어요. 일본사람들은 구주에서 온 사람들이 다 성 밖에 살았죠. 중국 만주 사람들은 다 성 안에 있었습니다. 성을 이렇게 만들어가지고 빨치산? 이 못 들어 오게 막기 위해서 그런 장치를 만들었죠.

유재철 성주가 있고 그런 건 아니죠? 그냥 성 속에 사는 거죠?

이상경 성 속에 사는데 몇몇 곳에 성 밖으로 출입할 수 있는 출입문이 있어 그 문을 북문이니, 남문이니 불렀지요. 그 문에 집이 달려 있어 거기에 문지기가 살고 있었죠. 중국 사람들하고 조선족사람들이 그 안에서 살고 일본사람들은 성 밖에 살았어요. 성 밖에 살면서 자기네들 학교도 가지고 있었죠.

어른이 되어 알게 된 만주국, 그리고 중국의 마지막 황제 부이

유재철 그럼 그 때 그게 만주국은 아니잖아요? 제가 자세히 몰라서 그러는데…

이상경 그 당시에 만주국이 있었어요. 32년인가 그때부터…

* 샤미센(三味線)은 일본의 가장 대표적인 현악기로 민요의 반주나 근세 일본 음악의 대부분의 종목에 사용된다. 3현의 발현악기다.

유재철 그 만주국이 있었던 겁니까?

이상경 아시다시피 청나라 말기에 섭정을 해오던 지시 여황이 죽고 그 당시 4살 밖에 되지 않은 부이가 황제 직에 즉위하는데, 그것이 1908년도죠. 8년도에 즉위를 해가지고 1912년까지 황제 노릇을 했습니다.

유재철 아, 4년간 황제…

이상경 1912년까지 했는데. 그 당시만 하더라도 러시아, 프랑스, 영국이니 그런 나라의 군사들이, 병사들이 다 중국에 주둔을 하고 있었잖아요? 그래서 일본에서 가만히 생각하니까 부이를 이용을 하면 이용가치가 있지 않을까, 싶어가지고 자기네들의 공관에다가 데려 가버렸잖아요. 1924년인가 그래. 데려 가버렸는데 가버리고 나서 24년인가, 25년인가 확실히 기억은 못합니다만 그 때 부이를 만주의 통치자로 만들었습니다. 몇 년 후에 만주 황제로 그렇게.

유재철 근데 그냥 허수아비 아닙니까?

이상경 허수아비지. 옛날에는 신경이라고 했었는데 지금은 장춘이라고 그러잖아요? 고궁이라고 그래. 옛날 궁이라고 해서 고궁이라고 그러는데. 가서 보니까 형편없는 시멘트 집인데. 조그만 2층 집들을 나열해 만들어놓고 그 안에서 활약을 했는데 옛날 그런 걸 생각하면 아주 불쌍한 사람이에요. 자기 마음대로 통치 할 수도 없고, 그 궁전 바로 옆에 일본군 병사가 있습니다. 바로 옆에. 간섭하기 위해서. 그런데 관동군 총사령관이 항상 들락날락하면서 항상 요구를 하거든. "이것을 선포하세요." 그러니까 자기 마음대로 통치하는 게 아니고 관동군 사령관의 지시를 받아서 그것을 선포하는 그런 역할 밖에 못했었어요. 소문에 의하면 '일본사람들이 자기 부인, 그러니까 황후를 어떻게 병사시켰다.' 독약을 줘가지고 죽게 하고 죽은 후에 일본에서 여자를 골라서 마누라로 만들었지. 그러니까 그런 걸 생각하면 아주 불쌍한 사람이야. 그게 나하고는 관계가 없지만 하여튼 그것하고 일본 사람들이 중국 사람들이나 한국 사람들에 대해 그런 짓을 했으니… 그러니까…

유재철 분류. 차별을 두는 거죠

이상경 네. 그런 차별 정책을, 어떤 정책을 했는가, 하는 그것을 보고 우리가 느낄 수 있지. 부이만 하더라도 그 당시에 중국의 황제이지만 중국의 황제로서 활약할 수도 없었고 일본사람들의 지시에 따라가지고 하라고 하는 대로 했는데 내가 가장 창피하게 생각하는 것은 황제에게 신사참배를 시켰잖아. 이사람 마음이 어떻겠어. 우리만 하더라도 신사참배를 우리가 강요를 당했을 때 옳게 했겠어요? 가가지고 도장만 받아가지고 학교 와서 보이고 했지. 서서 옳게 기도를 하고 그런 건…

유재철 형식적으로만?

이상경 네. 근데 그걸 보고는 장춘長春*에 갔을 때 고궁에 가니까 그런 장면을 사진으로 전시를 해뒀는데 그걸 보고 내가 깜짝 놀라서, 이런 미련한 짓을 할 수 있는가. 우리 어린 마음에서도 아무리 시켜도 그렇게 안하는 데 그런 사람에게 그런 신사참배를 시키게 되

* 길림성의 부상하는 도시.

면 무슨 좋은 게 있었을까, 그런 우둔한 짓을 했을까, 하는 그런 생각이 듭디다. 그건 다른 이야기고 내가 4살 때 들어가서6살 되어가지고 국민학교, 초등학교에 들어갔습니다.

만주 평안진에서 시작한 국민학교 생활

유재철 그럼 그게 중국학교입니까, 일본학교입니까?

이상경 조선학교입니다.

유재철 한국말 하는..?

이상경 네. 조선 학교인데 그 당시만 하더라도 내가 말씀드렸다시피, 우리나라 사람들이 길림성에 많이 살고 있었습니다. 아시다시피 간도 땅이거든요. 간도 땅이라 우리나라 사람들이 옛날 우리나라 왕조들하고 관계도 있지만 그 후에 또 많이, 일본이 우리나라 땅을 식민지화하고 나서 그 후에 많이 그쪽으로 갔습니다. 이북에서도 가고 이남에서도 가고 그래서 여러 사람들이 거기 와있었는데. 내 기억으로는 한 4분의 1이 우리나라 사람들이 아니었을까.

유재철 길림성?

이상경 아니 길림성이 아니고 평안진이라는 곳에 사는 사람들 중에서. 근데 대개 농민들로서 그 근방에 농사를 지으면서 사는 사람들인데 한 4분의 1정도. 7천에서 1만 명 가량의 우리나라 사람들이 살고 있었습니다. 인구가 그렇게 많았기 때문에 조선학교라고 따로 있었습니다. 국민학교라고.

1940년 만주에서의 가족사진,
두 여동생과 부모님

유재철 그럼 그 때는 그게 초등학교?

이상경 초등학교. 국민학교로.

유재철 정확히 몇 년입니까, 그 당시에는?

이상경 그러니까…1940년도 됐겠지? 내가 34년 생으로 여섯 살에 학교에 입학을 했으니까 41년인가? 그렇게 되었을 겁니다. 그때는 그래도 우리나라 말도 쓰고, 그 때부터 일본말도 배우기 시작했어요. 우리 부모님이 가만히 생각을 해보니까 '아들을 거기 두어서는 안 되겠다.'하는 생각이 들었던 모양이에요. 교육 면에 있어서 한국도 그렇게 대단한 교육시설은 없었지만 그래도 자식을 다시 한국으로 돌려보내서 거기에서 교육을 받게 하는 게 더 낫지 않을까 싫어가지고.

만주에서 행한 부친의 직업

유재철 그런 그 때 부친께선 무슨 일을 하셨습니까?

이상경 식량연단에 소장이었습니다. 줄인 말로 그 회사를 합작사라고 불렀습니다.

유재철 일본 회사?

이상경 일본 회사의 소장.

유재철 그러면 아버님은 일본말을 유창하게 하셨겠네요?

이상경 하지. 농업학교를 나와서. 그러니까 무슨 일을 했냐 하면 그 근방에 조선 사람들이 많아가지고 거기에서 농사들을, 쌀농사들을 많이 지었습니다. 지었는데 그 농산물을 사들입니다. 우리나라 사람들하고 거기에 사는 만주 중국 사람들한테서 사들여가지고 그것을 나중에 생각하니까 관동군에 공급을 하지 않았는가, 하는 생각이 듭니다만 확실한 내용은 잘 모르겠습니다. 그런데 그 계통에 일하는 우리나라 사람들이 상당히 많았습니다. 일본계 회사죠. 근데 거기에서 식량관리를 했는데 벼를 사들여가지고 거기에다가 보관을 하는데, 그 당시만하더라도 창고가 없어서 들에다가 그냥 산더미처럼 쌓아가지고 그거를 뭐로 덮어놨습니다. 덮어가지고 눈이나 비가 올 때 조금.

유재철 그러니까 탈곡은 안 한 거죠?

만주 일본식량연단(합작사)에서 일할 때 의 부친

이상경 안 하죠. 그대로 보관을 했어요. 그것도 사들이고, 그 다음에 또 채소 말린 것. 그러니까… carrot? 뭐라 그러지?

유재철 당근.

이상경 당근. 그런 것을 사들였습니다. 그것하고 또 Adlerfarn(아들러화른)? 뭐라고 그러지? 고사리. 고사리가 얼마나 많은지 몰라요. 그걸 일본사람들도 먹거든요. 중국 사람들은 안 먹어요. 일본사람들은 잘 먹기 때문에 그것도 사들이고. 당근 마른 것… 주로 벼농사.

유재철 근데 감자 같은 것은요? 감자 있었어요?

이상경 감자가 있기는 있는데 그렇게 많이 없으니까. 군대에서 감자를 많이 먹었을까? 모르겠는데, 하여튼 감자는 사들이지 않았습니다. 주로 벼농사 지어서 수확을 하는 농산물을 사들여가지고 보관을 했다가 화물차에 실어서 관동군에게 보급했지요.

유재철 그러면 다시 남한으로 내려온…

이상경 조금 전에 이야기하다가 그만뒀는데, 친척들을 불러서 집을 지어가지고, 그것도 여관으로 사용했습니다. 근데 일본사람들이 일본말로 통할 수 있는 사람들이 별로 없잖아요. 그렇다고 해서 중국말을 할 수 있는 것도 아니고. 그래서 일본말 하는 사람들을 찾아 다니다가, 찾고 들락날락하다가 일본경찰이 가족도 없이 오니까 외롭잖아요? 경찰서장 그런 사람들이 자꾸 우리 집에 들락날락하고 어떤 사람들은 우리 집에 한동안 살기도 했어요. 하루는 아주 키도 조그만 하고, 사람이 참 좋은 서장이 같이 살고 있었는데 아이들하고 잘 놀고 그랬어요.

1940년 만주에서의 아이들의 놀이.

유재철 뭘 하고 노셨어요? 그 놀이가?

이상경 뭐 이렇게 한국에서도 땅에다 그림 그려가지고 뛰는 그것도 하고. 또 나중입니다만, 못된 짓도 많이 했지. 중국 행상인들이 참외를 남은 광주리를 막대기로 양쪽 어깨에 이렇게 지고 오잖아요? 지고 오면 동네아이들이 가만히 두질 않아. 서로 속닥속닥 해가지고 하나 훔쳐가 버리잖아, 가면 또 다른 놈이 하나 훔쳐가지고. 근데 따라갈 수가 없잖아. 그래서 구경만 했지만 그런 짓도 했어요.

그리고 우리 집 동네 근방에 강이 하나… 그러니까 송화강松花江* 의 지류입니다만, 그 강이 동네 옆으로 흘렀는데 그 강에 가서 자주 놀았어요.

유재철 넓은 강은 아니고 그냥 샛강 같은 거에요?

이상경 지금은 넓은데 그 당시에는 그렇게 넓지 않았습니다. 넓지 않다는 말은, 어떤 곳에 깊은 곳이 있다는 거죠. 깊은 곳이 있어가지고 거기에서 목욕을 하다가 당하는 사람들도 있었어요. 몇 사람 죽었습니다. 근데 요새 가보니까 개천공사를 해서 넓게 만들어 깊은 곳이 없어요. 깊이가 똑같아요. 옛날에는 물이 좁은 곳에 흐르니까 깊은 곳이 꽤 많았어요. 거기서 일본사람들이 북쪽에서 목재를, 나무를 잘라가지고 그 강을 통해서 운반을 했어요. 운반을 하고 그 강가 옆으로 조그마한 철도 있잖아요? 그것 비슷한 그런 철도를 놓아가지고 목재를 운송 했습니다. 우리 어렸을 때는 그 강가에 가서 여러 아이들이 떠내려 오는 그 나무, 그러니까 길고 큰…

유재철 뗏목?

이상경 뗏목! 뗏목에 올라가가지고 한동안 같이 그냥…

유재철 뗏목 타고 내려오고.

이상경 네. 그런 짓도 했어요. 그리고 강에 내려오는 목재를 물에서 꺼내가지고 쌓아 둔 곳이 있잖아요. 그 근방에서 애들이 전쟁을 해요. 전쟁을 하는데 노는 게 총이 있는 것도 아니고 기관총. 그러니

* 중국어로는 쑹화장. 백두산 천지에서 발원한 강으로서 길림성과 흑룡강성의 비옥한 둥베이 평원을 지나며 길이가 1,927Km나 된다.

까 대로 만든 기관총 같은 것이 있었던 것 같습니다. 그런 것 가지고 '따다닥' 하고 쫓아가고 따라가고 그런 짓도 한 것 같습니다만. 그렇게 놀았어요. 놀다가 1학년 말 때 우리 부모님이 나를…

2.
해방전의 학교생활

다시 만주에서 대구로. 일본 여선생에 대한 추억

유재철 그 여동생은 그대로 두고?

이상경 한국 사람들 의식들이 그렇잖아요. 남자는 존경하고 여자들은 그렇게 중시하지 않았거든요. 그래서 아들교육에 대해서 더 관심을 크게 가졌던 모양입니다. 그래서 간 곳이 외갓집으로 갔지. 대구.

유재철 혼자 가신 거죠? 혼자 기차 타고?

이상경 혼자 간 것이 아니고 누구 따라서.

유재철 어른들 따라서? 친척?

이상경 6, 7살짜리가 혼자 갔겠나(웃음), 비행기로 날아가는 것도 아니고 기차 타고 가는데, 며칠이나. 그래서 화원에 와가지고 2학년, 3학년을 다니는데 그 당시에 우리 담임선생님이, 일본 여선생이 담임선생님을 했어요. 근데 우리말도 아주 잘하는 여선생님이었어요.

유재철 그럼 젊은 선생님이었겠네요?

이상경 네. 2학년, 3학년 내가 거기 있을 때 담임을 했는데 그 당시에는 애들을 강가에 데려가서 강제로 수영을 배우게 했어요. 그래서 우리 할머니가 걱정이 되어서 매번 선생님한테 쫓아가서는 "제발 얘만은 데려가지마". 제발 데려가지 말라고 했던 모양이야. 그래서 나를 데려가지는 않았는데.

유재철 그럼 수영 못 배우셨겠네요?

이상경 근데 사촌들이 많으니까 사촌들하고 못에 가잖아요? 조그만 곳에 못이 여러 곳에 흩어져있으니까 조그만 못에 가서 아무렇게나 수영을 하는 식으로 내가 수영을 배웠어. 물에 들어가면 어떻게 해가지고라도 나오잖아요.

유재철 그러면 그때 일본말을 많이 배우셨겠네요?

이상경 그때 조금 배웠어.

유재철 일본선생 때문에.

이상경 그래서가 아니라 2학년, 3학년 때 일본말을 일본 여선생한테서 배웠으니까 조금 배운 셈이지. 배웠는데, 그렇다고 해서 다들 일본말을 잘하지는 못하데. 우리 시대 사람들만 하더라도 어떤 사람들은 상당히 하고 어떤 사람들은 전혀 못해. 벌써 5, 6년 배웠는데도 못하는 사람들도 있어요. 그래서 거기서 2학년, 3학년을 마치고 내 사촌들이 있으니까 거기서는 편하게 지냈지. 그 사촌들이 다 나를 보호하고, 거기다가 시골 아이들이 돼가지고 별로 난잡하지가 않았어. 그리고 사촌들이 있으니까 그렇게 나를 괴롭히거나 그런 일은 전혀 없었어요. 3학년 말에 또 우리 어머니가 아들이 보고 싶어 못 견디겠다고 해서 또 만주에 갔잖아요. 또 길림으로 갔지. 가서 거기서 4학년을 다녔습니다.

다시 만주로 돌아간 국민학교 시절

유재철 옛날에 다녔던 학교를요?

이상경 같은 학교. 그 때4학년이 됐는데 일본 사람들이 학교 규정이 엄해져서 별별 짓을 다 시켰 어요. 일본 천황에 대한 충성을 선언하는 그런 게 있었어요.

유재철 그게 그러니까 1943년, 1944년 뭐 이정도 돼요?

이상경 1944년.

유재철 그러면 일본 패망 얼마 전이잖아요. 그때 많이 악랄했었다고 그러는 것 같던데.

이상경 네. 그래가지고 여러 가지 선언문을 외워야 되고 학교에서 또 그것을 반복해서 이야기해야 되고. 그 당시만 하더라도 우리 한국 학교니까 선생들이 일본말을 못하는 것 같아, 제대로.

유재철 선생님들은 한국선생님이었어요?

이상경 한국 선생님. 거기에서 교육을, 어떻게, 중학교 나와서 선생 노릇을 하는데 보조교사 같은 그런 감이 들어. 일본말을 제대로 못 하면서도 일본말 교육시켜야 하는 그런 형편이.

유재철 그러면 그때 중국말도 배우셨습니까?

이상경 그 때 4학년 때 배우게 되었어요. 그것도 의무였습니다.

유재철 교과 내용 속에 들어가 있네요.

이상경 네 들어가 있었어요. 4학년 때. 그걸 안 배워도 어떻게, 물건 사고 하는 그 정도는 다 됐었어요. 돌아가면서 중국 사람들하고 접촉을 조금 하니까 그런 건 되는데.

유재철 그럼 애들하고는 무슨 말을 했어요? 한국말을?

이상경 우리나라 말로 했지. 한국 애들끼리만 모이게 되니까. 중국 애들이 끼는 것이 아니고.

유재철 일본 애들은 없었습니까?

이상경 글쎄요. 일본 애들은 성 밖에 있었으니까 접촉이 없었어요.

유재철 따로 자기네들 학교?

이상경 네. 자기네들 학교가 따로 있었어요. 따로 있어가지고 일본 학생들하고 접촉도 없고. 그래서 차별감이라는 것을 내가 어렸을 때는 느끼질 않았습니다. 뭐 그런 것이 있는지 없는지도 몰랐고 일본사람들의 정책이 어떤지도 모르고 학교에서 하라는 그대로 그것만 해야 되니까.

유재철 외우라고 하면 그거 외우고 그 정도?

이상경 네.

일본인들에게 있어서 한국인과 중국인

유재철 그러면 일본 애들하고 부딪치거나 그런 일도 없었겠네요?

이상경 없었어요. 그래서 이따금 우리 집에 들락날락하는 일본사람들은…

유재철 어른들이잖아요, 그 사람들은.

이상경 네, 어른들이죠. 근데 말씀 드렸다시피 경찰서장은 애들을 좋아해서 우리 아이들하고 같이 놀아주고 그랬어요.

유재철 그럼 자기 식구들은 일본에 있고?

이상경 그 당시에는 가족 데리고 오는 사람들은 아무도 없었어요. 위험한 지역인데 누가 와? 왔다가 당하면 어떡해요. 그래서 가족 없이 왔어요. 또 어떤 경찰서장은 우리 집 부친이, 그 당시에는 모르겠어요, 어떻게 얻었는지 하여튼 일본도를 가지고 있었거든요. 그것을 알고는 자꾸 바꾸자고. 그래서 서장한테 잘 못 보이면 안 되잖아요.

유재철 근데 아버님은 좋은 칼을 가지고 있었던 거죠?

이상경 네. 그래서 그 사람한테 물건 하나 받고 줘버렸지. 이런 사람들하고의 관계 때문에 사회적으로 권력이 있었어요, 부친이. 우리 한인들 간에는 아마 제일 유력한 그런 어른으로 생각을 했단 말이야. 그래서 그 당시만 하더라도, 말 하다가 그만뒀습니다만, 일본 사람들은 중국 사람들을 인간으로 취급하지 않았습니다. 중국 사람들은 마음대로 때리고 죽여도 아무도…

유재철 일본 사람이 중국 사람들한테 그랬죠? 한국 사람한테는 안 그랬죠?

이상경 한국 사람한테는 그러지 않았어요. 일본사람들이 제일 first class. 그 다음에 second class가 우리 코리안이고. 그 다음에 인간도 아닌 사람들이 중국 사람들 만주 사람들이거든. 그러니까 인간도 아니니까 그 사람들은 어떻게 해도 괜찮아. 경찰서가 우리 집에서 멀지 않았는데, 지나가다가 보면 중국 사람들이 당하는 꼴들이 지금 생각해도 불쌍해. 그런 장면을 몇 번 봤습니다.

유재철 근데 한국 사람들은 자기네 나라 국민이라고 생각하는 게 아닐까요, 일본사람들은?

이상경 그렇진 않아요.

유재철 어쨌든 그래도 자기네 나라의 사람들이 된 거잖아요.

일본이 생각하는 한국과 한국이 일본에 끼친 영향

이상경 아니에요. 그렇게 하고 싶었는데 일본 정부에서는 그것을 하기 위해서, 옛날에는 서울대학이 경성제대였잖아요? 물리대가 경성제대 자리거든? 근데 오쿠라 신베이* 같은 그런 사람한테 시켜가지고 일본하고 조선하고의 옛날의 상호관계를 연구하게 했잖아요. 언어상으로, 역사상으로 하게 했는데 따지고 보게 되면 우리나라 옛날 향가나 일본의 만요슈萬葉集**에 나오는 언어들이 비슷한 게 많거든. 그럴 수밖에 없지. 그럴 수밖에 없는 것이 일본으로 그

---

* 小倉進平(1882년~1944년)는일본의 언어학자이다. 일본어와 한국어를 연구하여 많은 업적을 남겼다.

** 7세기 후반에서 8세기 후반에 걸쳐서 만들어진 책이며, 일본에 현존하는 고대 일본의 가집(歌集)이다.

문화를 소개한 사람들은 전부 백제 사람들이나, 가야 사람들이지, 뭐 나중에는 신라 사람들도 있었습니다만 그런 사람들이 다 소개를 했기 때문에 일본의 귀족층에 속하는 사람들은 우리 한반도에서 일본에 간 사람들이 많았을 것 같아요.

유재철 그 일본사기를 백제에서 간 분들이 썼다고 그러더라고요. 일본 역사책을 한국 백제에서 간 분들이, 그래서 만들었다고 하더라고요.

이상경 그런데 그런 점이 있지만 일본 사람들이 한국계 사람이라고 보기는 좀 힘들 것 같아요. 왜냐하면 남방의 영향도 많이, 그 신또라는 게 남방계거든. 이렇게 조그만 집 지어놓고 기도하고 하는 것이 남방계거든요. 그리고 일본사람들은 우리나라사람보다 키가 많이 작거든. 키 큰 사람들은 한국계, 조선계인지는 몰라도 작은 사람들은 남방계 사람들이 많을 것 같아요. 그건 따져봐야 알겠지만. 하여튼 내 생각으로는 일본사람들이 대륙계하고 섬에서 온 사람들하고의 혼족이 아닌가, 그런 생각이 들어요.

유재철 거기에 한국 사람들이 가서 섞인 것 아닙니까.

이상경 섞이게 됐지. 이것이 증명이 되는 것이, 일본에 가서 보게 되면 규슈도 그렇지만 규슈에 '구마모토熊本'라는 도시가 있거든? 지진이 나서 사고가 있던. '구마모토'라는 이름이 '구마민족의 근본이 되는 도시'라는 말이거든. '구마'가 곰이잖아. 곰 민족의 고향이 되는 곳이 구마모토. 그리고 또 오사카 근방에 가게 되면 지명에 많은 그런 게…

유재철 한국적 이름이.

이상경 네. '구다라바시百濟僑', '구다라'라고 하면 백제거든? '구다라바시', '시라기바시新羅橋', 그런 게. 그런 이름들이 많이 남아있고 '고마가와高麗川'. 동경 근방에도 그런 게.

유재철 대마도도 가보셨죠?

이상경 대마도는 가보지 않았어요.

유재철 근데 거기도… 거기가 한국인 혈통이라고 하는 것 같은데.

이상경 네, 그렇지. 근데, 조선에서 그렇게 됐는지 모르겠어요.

만주에서의 학교생활

유재철 만주에서 학교 생활은 어땠나요?

이상경 그 당시에는 만주에 살고 있는 우리뿐 만 아니라 중국 사람들도 그렇고 일본 사람들도 아주 가난하게 살았어요. 장난감이라고 해도 살 데도 없고 좀 큰 도시하고는 떨어져있는 곳이 돼가지고 그런 것을 살 수 있는 가게도 없고. 예를 들어서 축구를 하더라도 그냥 헝겊을 돌돌 말아가지고. 그래서 그걸 가지고 학교 교정에서 축구를 하곤 했습니다. 지금은 그렇지 않다고 하지만, 만주라고 하는 곳이 아주 추운 곳이었습니다. 추운 곳이어서 영하 27도만 해도 상당히 추운데, 내 기억으로는 그 이하로 내려간 것 같아요. 그래서 학교 갔다 오게 되면 추워가지고 울기도 했어요. 1학년 때니까. 울기도 하고 학교 다니는 것이 괴로웠어요. 그리고 눈이 많이 내린 날에는 대나무에 타고, 한 발에만 신발 밑에다가 대나무를 달고 다른 발로 밀어서 타는데 걸어가는 것보다 그렇게 가는 게 훨씬 빨라요. 대나무 타고 학교 다니고 했어요. 그리고 스케이트도 탔는데 요새 같은 스케이트가 아니라 나무 판에다가 철사를 이렇게 두 줄 매가지고 그것을 신발에다가 묶어가지고 얼음 연못에서 타던 그런 기억이 있습니다. 그리고 겨울철에 학교 갔다 오는 날에는 이렇게 입에, 모자 밑에는, 숨을 쉬게 되면 얼어가지고 잘 보이지도 않아요. 그럴 때도 이따금 있었습니다. 그렇게 지내다가 4학년 때. 2학년, 3학년 때는 한국에 가서 하고, 4학년을 만주에서 마치고 다시 한국으로 가게 됩니다.

해방 직전 한국으로의 이주, 학교에서 겪은 따돌림

유재철　그게 해방 전이죠?

이상경　해방 전이지. 그때는 외갓집으로 간 것이 아니고 우리가족이 모두대구로 가게 되는데 그게 1945년도 해방이 되기 직전입니다. 4학년을 마치고 우리 할머니가 아무래도 너희들이 나오는 것이 낫겠다고 몇 번이나 연락이 와가지고 우리 부친이 '그러면 가족이라도 한국에 보내야겠다.' 그래 집을 팔았잖아요. 일본 사람에게 집을 팔았습니다. 팔고는 아는 중국 사람 집에다가 짐을 옮겼어요. 그 중국 사람이 우리 부친한테 은혜를 갚지 못해가지고. 은혜라는 것은, 자기가 죽을 처지에 있었는데 우리 부친이 경찰서 통해서 그 사람을 구했거든. 거기에 대해서 평생, 자기 살던 집은 아니어도 아주 돈이 많은 중국 사람이라서 자기가 가지고 있던 그 집에다가 우리를 이사 오게 하고. 거기에다가 우리 이삿짐 일부를 두고, 일부는 가지고 한국으로 나왔습니다. 대구로 나왔죠. 대구로 나와서 조그마한 집을 한 채 사가지고 거기에서 내가 삼덕학교를 다녔죠. 대구 삼덕학교. 그 때는 '미카사 고쿠민 각코우三笠国民学校라고 그랬는데, 미카사 국민학교라고 그랬죠. '미카사'라는 것은 일본말이기 때문에 그것이 삼덕. 거기에 가서 학교를 다니게 되는데 애들이 얼마나 못됐는지 말이야. 내가 처음에, 중국에서 태어난 사람도 아니고 중국 사람도 아닌데 더러운 뙤놈*이라고. 이놈도 와서 차고, 저놈도 차고 아주 못 살 지경이었어요. 그렇다고 해서 누가 나를 도와주는 사람도 없고, 부모한테 이야기해봐야 부모인들 어떻게 할 길이 없잖아요. 애들이 그러는 게 지금 같으면 '먹'**이라고 하죠. 일본말로 이지매인데. 여기에도 그런 점은 있어도 일본하고 한국에 그런 경향이 훨씬 심한 것 같아. 옛날에 중국에서 고자나 맹자나 순자가 살 때, 인간의 본성에 대해서 생각을 많이 했는데 고자(告子)***만 하더라도 인간은 나쁘지도 않고 좋지도 않은 그런 본성을 가지고 태어난다고 했는데 맹자는 그렇지 않잖아요.

유재철 성선설이죠, 맹자는.

이상경 네. 좋은 경험을 많이 했기 때문에, 어머니 덕택에. 어머니가

●

* 중국 사람을 낮잡아 이르는 말.

** 여기서 '먹'은 '왕따'의 의미인듯하다

*** 중국의 사상가

이사를 많이 했잖아요. 많이 해서 좋은 영향을 많이 받았어요. 이 사람은 인간은 선하다. 태어날 때부터 선하다고 했지(성선설). 순자는 다른 소리하죠. 순자는 태어날 때부터 못됐다고(성악설). 그것에 대해서 우리가 확인할 길은 없지만, 순자가 하는 말은 사람이 못되게 태어났지만 교육을 통해서 인간이 선하게 된다. 그러니까 선하게 되는 면에서는 맹자하고 생각이 같아. 거기에 대해서 논란도 많았지만 지금 생각하면 내 자신만 하더라도 그렇게 많은 경험을 하고 나서 지금 돌이켜볼 때 정말 인간이 선한 것인지, 악한 것인지 구별이 안 돼. 지금은 딴 소리 하고 있습니다만, 과학적으로는 인간이 선하게 태어났다는 것이 증명 된다고 하는데 그건 믿을 수 없는 소리죠.

3.
해방 후와 6.25 동란 전의 격변기

해방 후의 국민학교 생활과 정치적 혼돈 사회

이상경 하여튼 그 당시만 하더라도 그것이 5학년 때잖아요? 해방이 되는 5학년 때거든. 5학년 시작할 때. 8월 15일을 맞이하게 되니까…4학년 말에서 5학년 올라갈 때 그 때 해방이 됐거든. 근데 애들이 얼마나 못 되게 구는지. 그래서 내가 화원에 있을 때, 2학년, 3학년 때 그 때 사촌들하고 씨름도 하고. 씨름을 조금 배웠거든. 배워가지고 어느 체육시간에 씨름을 하게 됐지. 애들은 도시 애들이니까 씨름도 잘 할 줄 모르고 그러잖아요. 그래서 어떻게 하다 보니까 내가 다 이겼어요. 이겼더니 그때부터는 다르게 봐. 다르게 보는데 그렇다고 해서 그 '먹'이 끝나는 것도 아니고 또 와서 또 뭐라고 하는 애들이 또 생기고. 그래서 하루는 신체가 좋은 애도 아닌데 또 부르잖아. 너하고 나하고 한 번 싸워보자. 그러고는 학교 앞에 강이 있었는데, 강가에 가서 싸우게 됐는데 내가 먼저 때렸어. 때렸더니 이 녀석이 넘어졌는데 일어서질 않잖아. 얼마나 겁이 났는지. 사람이 죽진 않았는가 싶어가지고. 그렇게 조마조마하게 생각을 하고 있는데 한참 있다가 일어나잖아. 그래서 그것으로 끝나버렸어. 끝났다고 해서 완전히 '먹'이 끝난 것은 아니지만 그래도 그때부터는 어느 정도 편하게. 마음이 조금 안정됐어요. 그런데 그때 5학년 때 대구에서, 그것이 46년인가? 46년 사건이 났잖아요. 10월 1일* 날 대구에서 사건이. 그것이 좌익 계통 노동자들과 학생들의 반란입니다. 그때만 해도, 우리 나라가 미국 군사정권에 의해 통치되고 있었잖아요? 군정이라서 거기에 대한 반항이지. 반항인데 그 군정에서 박헌영이라고 남조선 공산당 당수였어요. 그 사람을 잡아다가 가두어 버렸잖아요. 그 사람뿐만 아니라 다른 사람들 좌익계 사람들을 붙들어다가 투옥을 하니까 이 사람들이 가만히 있질 않잖아요, 노동자들이. 그래서 폭동을 일으켰는데 그때만 하더라도 군사 정권에 누가 내무장관을 했는가 하면, 조병옥이라고 하는 사람이 있었어요. 그 사람이 대구 사건도 관련하고, 그 후 제주도에서 폭동사건(4.3 사건)** 이 일어났잖아요? 일어나가지고

●

* 1946년10월 1일에 미군정하의 대구에서 발발, 이후 남한 전역으로 확산된 일련의 운동을 지칭한다. 공식적으로는 보다 중립적인 10 · 1사건이라는 지칭을 사용한다. 식량난이 심각한 상태에서 미 군정이 친일관리를 고용하고 토지개혁을 지연하며 식량 공출 정책을 강압적으로 시행하자 불만을 가진 민간인과 일부 좌익 세력이 경찰과 행정 당국에 맞서 발생한 사건.

** 1948년 4월 3일 남로당 제주도당에서 단독으로 무장대 조직, 기습에서부터 시작되어 제주 4.3 사건이라고 불리지만 그 날에만 일어난 일이 아니다. 말하자면, 1947년 3월 1일부터 한국전쟁이 휴전될 때까지 계속된, 제주도 역대 최대의 참사 중 하나로 보도연맹 학살사건과 더불어 양민학살의 대표적인 사건으로 꼽힌다.

대륙에 있는 경찰이 동원되고 그랬는데. 내가 지금 생각하면 조병옥이 한국에서 내무장관을 했지만 사람이 옳지 않은 인간 같은 그런 생각이 들었습니다. 아주 잔인해.

세계 강국들에 의해 남북으로 갈라진 나라

유재철 그러면 그때 그 해방 후 1946년도에 남북이 어떻게 된 건지 자세히 모르겠어요. 그게 그러니깐 이북은 소련에서 맡아서 하지 않았습니까? 근데 남한은 미국에서 맡아서 하고

이상경 네 그것이 어떻게 되가지고 그런가 하니까 내 아직도 서양에 대한 반감을 가지고 있는 것이, 이 사람들의 식민 정책뿐만 아니라 통치 방법에 대해서 내가 아주 좋지 않게 생각을 하고 있는 것이 그런 정책이거든, 그러니깐 그것이 왜 그렇게 됐나 보니깐, 얄타에서 1943년인가 아니고 해방되기 직전인지

유재철 얄타협정-1945년 2월

이상경 얄타협정에서 스탈린, 처칠하고 루즈벨트하고 장개석이도 참석했는지는 모르겠는데, 하여튼 모여가지고 합의를 하여 남북한을 가르게 되었거든요. 근데 미국 같은 나라가 그렇게 인도주의와 평화를 주장하면서 왜 그런 짓을. 왜 남의 땅을 그렇게 자기네들 마음대로 갈라. 그럼 우리나라만 하더라도, 어떻게 전쟁에 참전을 해가지고 그렇게 된 것도 아니고 일본의 침략주의에 따라 식민지가 되었는데 식민지가 되어서 당한 그런 나라를 왜 그렇게 갈라가

지고 고생을 하도록 만들었냐고. 그것뿐만 아니라 베트남도 그렇지 다 그렇잖아? 이게 유럽 사람들과 관계하고 있는 곳은 대개 다 그렇거든, 그리고 그 쿠르드 문제도, 지금 터키, 시리아, 이란 등 지역에 산재해 살고 있는 쿠르드족 문제도, 그 트란스 쿠르디스탄은 큰 나라였잖아? 그걸 다 갈라가지고는 여러 곳으로 흩어버렸잖아?

유재철 그렇죠.

이상경 그런 정책을 그것이 어디서 나왔는가. 마키아벨리 거든. 근데 한 나라를 통치를 하려면 갈라가지고 통치하래. 근데 이런 생각이 정치뿐만 아니라 일반사회생활에서도 드러납니다. 유럽서 내가 고생한 것이, 대학에서 고생한 것이, 내가 갈라지지 않으려고 얼마나 노력했는지 몰라. 자꾸 이렇게 분할해서 상대방을 약화시켜가지고 맘대로 하려고 하는 비겁한 행동. 그런 생각이 납니다만, 하여튼 그것은 뭐 그렇다고 하더라도, 그 얄타협정에 의해 가지고 남북한으로 가른 거거든. 갈라져서 소련에서 만주하고 이북하고 차지하게 되고 남한을 미국에서 관리하게 됐는데, 그래서 유엔에서는 자유선거를 하도록 되어있었잖아요. 남북한에서 공동으로 선거를 하게 되어있었는데 이북에서 유엔 선거위원을 못 들어오게 하니깐 남쪽에서 먼저 선거를 해가지고 이승만이 대통령으로 선출됐잖아요. 되어가지고 한국이 생기게 됩니다만 하여튼 그건 이제 거기에 대해선 나중에 조금 부가를 하더라도, 그 폭동이야기를 하자면, 내가 5학년 때니깐, 5학년 때 그 폭동이 대구에서 일어났는데, 한국 사람들이 얼마나 잔인한지 몰라. 내가 깜짝 놀랐습니다. 좌익하고 우익하고 똑같아, 한국 사람들 보면 그 조병옥이 한

짓 생각하게 되면 그것도 뭐….

유재철 그 군정, 미국 군정 안의 내무부장관을…

이상경 군정 안의 내무부장관을 한 거야. 그때 조병옥이 했어.

유재철 제주도의 그….

이상경 제주도 4.3사건을…

유재철 그때 몇 만 명이 죽었다고 하더라고요.

국민학교 5학년생이 목격한 해방후의 참상

이상경 많이 죽었어. 그때는 근데 그 조병옥이란 사람이 그런 짓을 한 것이 상대방을 탄압하기가 힘들어서 그랬겠지마는 그런 판국에 적으로 보이는 사람들을 다 잡아다가 죽여 버리니깐 인간 가치가 어디에 있는지 의아스러워요. 그리고 또 좌익에서 폭동을 내가지고 그때는 특히 경찰이 당했잖아. 경찰이 당하는데 이 사람들을 길에서 막 잡아가지고, 그리고 우익계통 사람들 잡아가지고 죽이는데 죽이는 방법이 너무 참혹해. 내가 5학년 때 수업을 끝내고 나서 호기심에 처형장에 갔었지. 사람을 살해하는 장소가 어딘가 하니깐, 대구 도립병원 입구 앞에서, 거기서 했어요. 거기서 했는데 내가 호기심에 혼자서 수업이 끝난 후 갔단 말이야. 갔더니 순경이니 누구니 붙들어 온 사람들을 어떻게 죽이는지 내 말로 표현을 못하겠어요. 그 광경을 지금도 생각하면 같은 인간이 그런 식으로 사람을 죽이니 말이지. 왜 죽어가는 사람을 그렇게 죽일 필요는 없잖아. 그냥 죽는 대로 내버려두면 되잖아. 두 번 세 번 죽여요. 그래서 내가 그 광경을 보고는 눈을 꼭 감고 집으로 도망쳐 와버렸거든. 왔는데 그 당시에 대구가 경찰서가 둘 있어. 대구 경찰서하고 남대구 경찰서, 남대구 경찰서 서장이 우리 집 옆 집에 살았어요. 옆에 살았는데 그 사람도 잡으려 찾아 다녔잖아? 다녔는데 우리 집 어머니가 그 사람을 받아드렸잖아. 우리 집이 꽤 컸습니다. 그때 우리 부모가 만주에서 번 돈을 가지고 큰 집을 샀습니다. 한 700 한 800평방미터, 정미소도 있고 가게도 있고 주택도 있고 그랬으니깐 상당히 큰집인데 그 집에다가 그 서장을 감추었지. 안방에다 감추고 그 집으로 가는 곳에 문을 하나 만들어가지고 그때는 나무 판자벽이니깐 문 만드는 건 쉬워요. 그래서 조그마한 문을 만들어 놓고 그 경찰서장을 우리 집에다가 모셔가지고 감추었습니다. 그때부터 우리 집하고 그 집하고는 아주 가까워 졌지. 가까워져 가지고 그 영감이 일요일 어디로 놀러 가게 되면 꼭 나를 데리고 가고…

우익과 좌익의 끊임없는 이념전쟁

유재철 근데 왜 그 경찰서장을 누가 그렇게 죽이려고 그러는 거죠 그러니깐?

이상경 그 좌익계 사람들…

유재철 그 경찰서장이 우익이었단 말이죠?

이상경 그럼 경찰서장이니 우익이지…

유재철 우익인데 좌익이 우익을 잡으러 다니는 거군요.

이상경 경찰에 있는 사람은 무조건이지. 그 당시는 경찰은 자기네들 적이니깐 자기네들 괴롭히는 사람들…

유재철 그러면 조병옥은 자기 반대파를 다 죽인 겁니까?

이상경 그 반대파를 다 죽인 거지.

유재철 좌익을 죽인 거잖아요.

이상경 그렇지.

유재철 좌익은 또 우익을 죽이고.

이상경 그러니깐 그 사람들이 좌익계의 박헌영이며 그런 사람들 잡아 가두니깐 반감이 일어나 가지고 그런 폭동을 일으켰잖아? 일으켰으니깐 그 사람들이 보복을 하는 거지. 서민도 잡아가고 하여튼 자기네들 눈에 거치는 사람들은 다 잡아가지고 경찰은 아무 것도 묻지 않고 무조건 사살당하는 거지. 그 당시에는…

유재철 그럼 우익도 좌익을 그렇게 죽이고 좌익도 우익을 그렇게 죽이고.

이상경 항상 그래.

해방 후 부친이 얻은 새 식상, 방직공장

이상경 그때 우리 부친은 우리 한국에 나와 가지고 다시 돌아가려 했는데 우리 외할머니가 놓질 않았어. 놓지를 않아가지고 다시 복직이라기보다 도청에 취직을 했는데 자기 공부한 것이 농업이니깐 농업 쪽에서도 그 잠사관계.

유재철 양잠?

이상경 양잠이 자기 전공 분야라서 양잠 계통을 담당하고 있었어요.

유재철 대구에 방직공장이 많이 있지 않습니까?

이상경 그렇지. 방직공장이 많지. 대구는 방직공장 지대라 할 수 있지. 거기하고 관계가 있어서 그런 일을 한 것은 아니라도 하여튼 옛날만 하더라도 공직에 있어봐야 경제적으로 별로 큰 도움이 되지를 못하잖아요. 그래서 우리 어머니가 큰 집을 사가지고 정미소도 내고 자전거 가게도 차렸어요. 생활은 그걸로 하는 거지. 우리 부친이 벌어가지고 생활이 되지는 않았습니다. 그래서 그걸로 생활을 하는데, 근데 아까 제가 말씀 드린 경찰서장 그 집에 나보다 조금 어린 아들 둘이 있었어. 그래서 그 집 아들들하고 자주 만나서 같이 놀기도 하고 장기도 조금 두고 휴일만 되면 그 서장하고 같이 놀러도 다니고 그렇게 지냈습니다. 그 집에서는 또 우리 덕택에 자기가 살아난 것 같은 그런 의식이 있어가지고 우리를 참 좋아했었지.

유재철 그럼 그 서장 그분은 그 뒤로 어떻게 됐습니까? 그 서장은 경찰서에 다시는 못 가는 거잖아요.

이상경 그러니까 나중에 그 조병옥이가 좌익들을 진압 해버렸어. 그러면 내일부터 복직이 되는 거지. 문제가 아니지. 그 후 그 경찰 서장은 대구 소방서 서장을 했어. 한동안 대구 전역소방서 소장도 하고 그랬지. 그랬는데 그 후에 그 집안하고 상당히 가까이 지냈습니다마는 조금 전에 말씀 드렸다시피 생활은 우리 어머니가 번 돈으로 하고, 우리 부친은 용돈 정도밖에 벌지를 못했어요. 공직에 있을 때 6.25사변이 났잖아요? 그것이 아마도 53년도, 아니 50년에 그 남북전쟁이 일어났잖아요.

4.
6.25 동란과 김재규와의 인연

고등학생이 겪은 6.25 전쟁

유재철 1950년 6월 25일…

이상경 그때 인민군이 낙동강까지 내려왔잖아요. 내려와서 소개를 가야 하는데 그 경찰서장이 그러잖아 '네가 그대로 그냥 가다가는 금방 잡혀서 일선에 가야 된다. 그냥 그렇게 가지 말고 너 사촌 여사촌의 교복을 바꿔 입고 가라'고 그러잖아. 그래서 그렇게 했지. 그러니깐 대구에서 소개 간 것이 그날 소개 가다가 다시 돌아왔습니다.

유재철 소개? 그게 무슨 말입니까? 소개가다?

이상경 소개가는 것이 그곳을 떠나가지고 다른 지방으로…

유재철 소개?

이상경 소개 소개 간다고 그러지 않아?

유재철 아 제가 처음 들었거든요…

이상경 아 그럼 내가 사투린가?

유재철 속? 소개?

이상경 소개…

유재철 받침 없이 소개에요?

이상경 사두린가?

유재철 어 저 처음 들었거든요 소개요? 어 멀리 떠난다. 그런 겁니까?

이상경 아니 그러니깐 피해서 도망가는 거지. 인민군이 가까이 오니깐 그것을 피해서 도망치는 거지 다른 곳으로. 도망치는데 그 당시만 하더라도 우리 가족의 짐들을 다 친척집으로 옮겼잖아. 시골로 옮겼는데 인민군이 낙동강을 지나서 오자면 그쪽으로 먼저 돌아서 오는 거거든. 그래서 다 없어졌어요. 귀한 물건들이 많았었는데 만주에서 가져온 귀한 물건들. 옛날 향수 떠오르네.

유재철 그러면 6.25가 났을 당시에 박사님이 열여섯 열다섯 열일곱….

이상경 예 그랬어요.

유재철 그러면 학교를 그때는 고등학교 입니까

이상경 그때는 고등학교 1학년 때라 고등학교 다녔으니깐…

유재철 대구 무슨 학교 다니셨죠?

이상경 경고 다녔지 내가…

유재철 경북고? 경북고등학교? 중학교는요?

이상경 중학교는 조금 전에 만주에서 나와가지고 학교를 제대로 못

다녔잖아. 그래서 우리 부친이 그러잖아 '아는 사람이 상업학교에 있는데 거기 들어가라'는 거죠. 그래서 일단 거기 들어갔다가 나중에 새로 고등학교가 생겨서 시험을 쳐가지고 그쪽으로 옮겼어요.

유재철 1948년도 이승만이 대통령 돼서 정부수립하고 그때가 중학교 시절이시죠.

이상경 그때 중학생…

유재철 1948년 그때가 열넷 열다섯이고…

이상경 그리고 1950년 고등학교 1학년 때다

유재철 예 1학년이시고?

이상경 예 1학년 땐데 그때만 하더라도 내가 고등학교를 대구에서 들어가지 않으려 그랬어. 서울에서 들어가려고 일부러 서울에 갔었거든 서울에 갔었는데…

유재철 6.25 나기 얼마 전이네요.

이상경 예 바로 직전에 서울로 갔잖아. 갔더니 그 전국적으로 그렇게 고등학교, 특수고등학교들을 설치하기로 됐었는데 지방에서는 설치가 되고 서울에서는 안 되고 중앙 고등학교도 있고 뭐 동성고등학교도 된 것 같아 그때 되고 몇몇 학교에서는 고등학교가 설치됐는데 좋은 학교 그때 말하자면 일류학교 경기니 서울이니 그런 데는 고등학교가 안 되어 있었거든. 그런데 중앙고니 그런 데는 들어가고 싶지 않아서 내가 밤차 타고 갔었는데 갔다 낮에 볼일만 보고 그냥 돌아와 버렸어. 돌아와서 대구에서 그 당시 대구고등, 그 후 경북고등으로 명칭이 바뀐 학교에 시험 쳐서 들어갔잖아. 들어가서 그러니깐 고등학교 1학년 땐지 바로 들어가자마자 전쟁이 일어났잖아. 일어나가지고 이북 인민군들이 금방 내려와 버리잖아. 이남 정부에서는 급해서 그냥 거리에서 젊은 사람들 보기만 하면 데려다가 일선에 보냈어요. 그래서 그 당시에 우리 집에 우리 삼촌이 있었는데 숨다가 못해가지고 지원을 했거든 했는데 한 달도 안 되어서 전사해 버렸잖아.

유재철 그러니깐 국군으로 나간 거죠 국군으로?

여장을 하고 묻지마 징집을 면하려다 체포된 고등학생

이상경 예 국군 포병으로 나갔는데 그때 이북 군사력이라는 것이 비교가 안되거든. 전차만 해도 100대 200대씩 몰려오고, 하여튼 수없이 남쪽으로 내려오고 했으니 금방 낙동강까지 내려 와버렸잖아. 그래서 서울 사람들도 일부만 피난을 하고 거의 다 피난을 못하고 그냥 어떻게 내려오게 된 사람들도 있지만은, 하여튼 고등학교 1학년 땐 거리에서 잡히기만 하면 다 전선에다 보내. 보내서 내 친구들만 하더라도 16살에 만 16세 때 죽은 사람들이 상당히 많이 있어요. 그래서 그것이 걱정스러워 옆집 경찰서장이 '피난을 가면 변장을 해야 한다' 해서 변장을 했는데 그 당시 한국CIA라 하던가. 첩보 첩보대 사람들한테 붙들려버렸어. 그때는 붙들리기만 하면 사형이야. 둘 데가 없으니깐 처치하기 힘든 사람은 다 죽여 버리니까. 그런데 붙들려가지고 가는데 우리 부친 친구가 나를 봤어. 나를 보고는 웬일이냐고 네가 어떻게 이렇게 가? 근데 나를 잡아간

1950년, 앉아 있는 김재규,
그 뒤가 김재규 운전수
그리고 오토바이에 앉은
김재규 동생

사람이 그 친구가 아는 사람이었어. 그 친구가 아는 사람이라서 어디로 데려가는지 그걸 알게 되었지. 그래서 다음날 우리 부친하고 부친 친구하고 자전거를 타고 왔는데 한 12km 한 30리쯤 떨어져 있는 곳에 그 사람들 사무실이 있었어. 거기에 잡혀가지고 있었는데 돈을 한 보따리 자전거에 싣고 왔어. 돈 먹이고 데려갔지. 그래서 살아나기는 살아났습니다만, 그런 시대였습니다. 그래서 언제 어떻게 잡히기만 하면 큰일이잖아. 우리 나이에 보통 때면 해당이 안 되지만 그때는 병력이 모자라니깐 젊은 사람이 길에서 보이기만 하면 다 잡아다가 그냥 전방에 보냈으니, 그런데 어떻게 됐는가 하니깐, 그 당시에 내 이런 말해서 될지 안 될지 잘 모르겠는데 어떤 사람들은 하지 마라는 사람도 있고…

유재철 뭘 하지 말라고 해요?

이상경 이야기를 하지. 정보부 장을 하나가 박정희 사살한 사람 있잖아.

김재규와의 인연으로 졸지에 군인이 된 고등학생

이상경 김재규 있지. 여러 사람들이 나보고 그런 말 하지 말라고 그래. 근데 나 같은 나이에 이제 와서 무슨 일이 있겠나. 김재규가 일선에서 대구로 돌아왔습니다. 돌아왔는데 자기 운전병이 우리 집 자전거 방에서 일하던 기사였는데 그 사람이 김재규 운전기사였어

유재철 김재규 운전기사였어요?

이상경 운전기사로 김재규를 데리고 일선에서 왔는데 그때 건강이 좋지 않아가지고 그 운전병이 우리 집에 데리고 왔어. 데리고 와서는 이 사람이 이런 사람인데 우리 집에 유숙을 할 수 없는가. 그래서 우리 어머니가 받아들였어. 김재규를 받아들였지. 받아들여가지고는 우리 집에 한 달쯤 있었어. 있다가는 예비사단에 연대장으로 마산에 가 있었지. 마산에 가 있었는데 그때 이 사람 하는 말이 자기가 신세를 지었으니깐 자기가나를 좀 도와주고 싶다고 했

1950년 고1때 김재규
마산 육군연대에서의
가짜 군인 생활

지. 대구에 있으면 붙들려가고 할 가능성이 있고 하니깐 자기 있는 곳으로 피신 가기를 원하지 않는가? 그래서 군인이 돼버렸어 내가 16살 때…

유재철 그러면 그때 김재규는 계급이 뭐였습니까?

이상경 중령, 중령이었지.

유재철 그러면 그때 박정희는요?

이상경 박정희는 아직 나타나지도 않은 시대죠. 51년이니깐 그것이 51년이죠.

유재철 51년에 박정희는 없었습니까, 그럼?

이상경 있었지 있었지만 관계가 없지. 그땐 박정희는 아마 전라도 지리산…

유재철 그때 무슨 계급이…

이상경 지리산 그런데 가 있지 않았나. 몰라.

유재철 계급이 뭐 낮았겠네요.

이상경 글쎄, 내가 이야기 하지만 그 사람이 그러니까 선산 구미 그 지방에서 아마 박정희가 났을걸.

유재철 네 거기서, 박정희 고향이 구미죠.

이상경 나가지고 구미를 단지로 만들었잖아요. 만들었는데 내 생각 같아서는 그 사람이 지리산 어딘가에 가 있었을 거야. 지리산공비 토벌 대장인가 그 후에 갔는지 그전에 갔는지 나는 잘 모르겠어요. 하여튼 그 김재규가 그때 그 전선에서 다 밀릴 판이니깐 밀려가지고 자기 건강이 좋지 않아서 쉬어야 되는데 그때 휴양을 우리 집에서 했다 그런 말이에요. 한 달간 휴양을 해서 자기는 좀 감사하게 생각을 했던지, 나를 보호하겠다고 해서 데리고 갔는데, 그런데 가만히 보니깐 다른 애들은 다 그 당시에 학교를 다녔는데 나만 군대에 있어봐야 좋은 일도 없고 그렇잖아요. 그래서 다시 돌아왔지. 내가 두 달인가 2, 3개월 있다가 돌아와버렸어. 결국 돌아와서 학교를 다시 다녔는데, 헌데 그 당시만 하더라도 서울에 있던 한국에서는 저명하다고 할 수 있는 선생들이 한때 대구에 왔지. 양주동이니 최재서니 하는 사람들이 내려와가지고 자기네들도 살길이 없으니깐 강습소도 열고 그러잖아요. 강습소에 나가가지고 영어도 가르치고 다른 것도 가르치고 그래서 내가 고등학교 들어가서부터는 학문에 대해서 눈이 띄었어. 띄어가지고 아주 열심히 공부했습니다. 방법도 없이 그냥 내 멋대로 아무한테도 도움을 받지도 못했습니다만 하여튼 어떤 책이 있어서 배우는 것도 아니고 그 당시는 우리나라 말로 된 도움을 받을 수 있는 참고서들이 없었잖아요. 전부 유럽말로, 그래서 내가 일본책을 사다가 배우고 했는데, 학교 수업하고는 전혀 관계없는 걸 집에서 혼자 공부를 하고 성적하고는 관계가 없지. 하여튼 그래서 역사공부도 하고, 영어공부도 하고 했습니다만.

5.
전시 중의 학구파 소년

전시의 실제 상황

유재철 근데 그때가 어쨌든 전시상황이었잖아요.

이상경 예 그렇지…

유재철 학교는 수업은 계속하고 전투는 막 여기저기서 벌어지고.

이상경 학교교사가 없어가지고 학교건물에 미군도 들어오고 터키군도 들어오고 여기저기서 후원군이 들어오잖아요. 유엔군이 소위 말하는 유엔군이 들어와가지고 갈 데가 없으니깐 학교 교사를 사용했지. 임시교산데 우리가 처음 가 있은 곳이 남산교회에요. 대구 남산교회, 도심지에 있는 신교교회입니다만, 그 교회 안에서 수업 받았어.

유재철 학생이 몇 명 정도 됐나요?

이상경 그때 처음 들어간 것이 네 반인데, 네 반 이니까 인문계통이 100명이고 자연계통이 100명이고 그러니까 200명이지 200명이 들어왔어 네 반.

유재철 50명 50명 이렇게 된 거군요 한 반에 50명씩.

이상경 그 당시로 봐서는 다른 학교보다는 확실히 학생 수가 적은 거지. 그 당시 다른 덴 70명 80명 그러니깐 초등학교는 150명 그런 시절이었으니깐 다른데 보다는 좋은 학교로 만든다고 그렇게 학생 수를 줄여가지고 특수학교로 만들려고 그랬지. 근데 그 때 내가 한동안 마산에 가 있었어. 마산에 있는 예비사단에 가보니 참혹했어. 말하자면 그 당시 예비사단에 와있던 사람들이 사람 취급을 받지 못했어요. 경기도 평택 지방의 젊은 사람들을 데려와 가지고 거기에다가 수용을 하는데 이 사람들 식량이 부족해가지고 얼굴이 뚱뚱 붓고 하잖아요. 불어가지고 매일같이 영양실조로 죽는 사람들이 보이니 말이지요. 그래서 그 당시에 방위군 사건*이라고 났어요. 그 방위군 사건하고 직접 관계되는 그런 곳인데, 위에 있는 방위군 그 최고 책임자로 있던 사람들이 식비의 일부를 집어먹었거든, 식비도 부족한데 그걸 집어 먹으니까 그 남은 돈 가지고는 살 길이 없잖아 사람들…

유재철 그러니까 그 사람들은 왜 그쪽으로 내려온 거죠?

이상경 젊은 사람들이니깐 거기 두면 인민군들이 다 데려갈 거 아니에요.

---

* 한국전쟁중 1951년1월1 · 4 후퇴때 제2국민병으로 편성된 국민방위군 고위 장교들이 국고금과 군수물자를 부정처분하여 착복함으로써 12월~2월 사이에 국민방위군으로 징집된 이들 가운데 아사자, 동사자가 약 9만에서 12만여 명에 이르렀던 사건.

유재철 아 그래서, 그 차원에서.

이상경 예 데리고 가서 훈련시켜 군인을 만드는 거죠. 그래서 젊은 사람들을 다 데리고 왔어요. 마산에 후방으로 경기도 지방에 있는 사람들을 데리고 온 거죠. 거기에 가 있는 몇 달 동안 살면서 경험한 정말 잊히지 않는 아픈 기억이에요. 내가 그래도 군인이 되었는데 총도 매보고 그리고 다른 사람들보다 특별한 총을 가지고 있다는 것을 자랑도 하고 싶고 그렇잖아.

총기사고를 낸 고등학생 가짜 군인을 김재규가 살려주다

유재철 그때가 막 열여섯 살 그때쯤이죠?

이상경 예 근데 그게 칼빈총인데 자동이거든 한번 이렇게 당기게 되면은 총알이 계속 나가는 게 있어요. 그걸 매고 다녔거든. 매고 다니는데 다른 녀석들이 보더니 신기하잖아. 신기하니깐 자꾸 보자고 그러잖아, 그래서 보였더니 사고를 내서 혼났어요. 그 집도 헌병대 대장 집이고 그러니깐 이 녀석이 방아쇠 당겨가지고 그냥 발사가 되어버렸잖아 발사가 돼서, 총알이 그 집 장농을 뚫고 이렇게 나갔는데 그…

유재철 사람은 안 다쳤어요?

이상경 없어요. 없었는데 구멍이 나고 그랬어. 그랬더니 김재규가 나를 영창에 넣을 수는 없잖아 자기가 데리고 온 사람인데. 사고 낸 녀석은 영창에 들어가고 나는 안 들어갔지. 나를 영창에 넣을 수가 없어서 어찌할까 고민을 했겠지. 내가 거기에 있으면서도 또 공부생각이 나잖아. 공부생각이 나서 그냥 거기서 매일 그렇게 지내기보다는 공부를 좀 해보려고 부연대장하는 사람이 영문학을 일본서 공부한 사람이라서 그분한테 좀 배우려고 좀 부탁했더니 한 두번가르쳐 주더니 안 해주잖아. 돈이 생기는 것도 아니니 말이지. 그래서USIS(미국 정보처)에 있는 도서관에 다녔지. 마산에 있는 도서관에 왔다 갔다 하면서 내가 책을 한권 빌렸는데 태평양에 있는 파푸아에 관한 책인데 그 사람들이 살고 있는 모습을 그린내용의 책이었어요. 근데 그 책을2개월 3개월 전에 빌려가지고 반납을 안 하고 대구로 와버렸잖아. 와버렸더니 야단이 났어. 나를 고소한다고…

전시 중에도 학구열은 불타고

유재철 그러니까, 그게 미국 도서관인가요?

이상경 미국 도서관이지. 관장은 한국 사람이고, 야단이 나가지고 빨리 보내기는 보냈습니다만 그러니깐 내가 거기 있으면서 김재규한테 잘 보이지 못했지. 사고도 냈지 책도 제때 반환하지 않았으니.

유재철 그러면 그때 김재규가 몇 살 때에요? 뭐 서른? 서른 몇 정도 됐겠네요.

이상경 서른도 안됐을지도 몰라요. 대구 나와 가지고 내가 학교를 가게 되는데 최재서 같은 한국에서는 저명하다는 학자들이 많이 와 있잖아. 그래서 그 사람들 수업에 많이 다녔습니다. 그런데 최재서 그 분은 또 연대 영문과 교수잖아. 교수로서 아침에 타임지반을 가졌었어요. 타임지 반은 아침7시에서 8시까지. 타임지반이 끝나면 곧 집에 돌아와서는 금방 밥 먹고 학교에 가야 되니깐. 그래서 내가 타임지를 차고 다녔거든. 그래서 그 당시 학교 다니던 친구를 만나면 네가 옛날에 그 타임지 차고 다니던 그 친구 아니냐고 그런 질문을 이따금 듣게 되었지요. 그리고 양주동선생은 동국대학 국문과하고 영문과 교수로 와세다 대학 영문과를 졸업한 후에 자기 스스로 향가 연구를 한 10년간 했고 그 결과를 발표하고 국문학 교수로 동국대학에 교편을 잡게 되었지. 이분이 우리 바로 옆집은 아니라도 조금 떨어져서 같은 골목에 살았어요. 그래서 그 분을 내가 많이 따라 다녔어. 그런데 그분이 어떻게 주변이 좋아가지고 잘 가르쳐, 가르치는 것이.

대구에 피난 온 저명한 학자들과의 교류

유재철 국어 가르치셨어요?

이상경 영어를 가르쳤어. 영어를 가르치고 했는데 그 분 따라다니면서 문장 분석하는 것을 그 분한테서 배웠어. 또 번역하는 것도 많이 배우고 해서 상당히 친해졌습니다. 그리고 밤에는 또 그 당시엔 미군이 지금도 미군이 있지만 거기 와있던 미군이 밤에 자기 쉴 때 강습소에 와서 회화시간을 가졌습니다. 그래서 거기도 부지런히

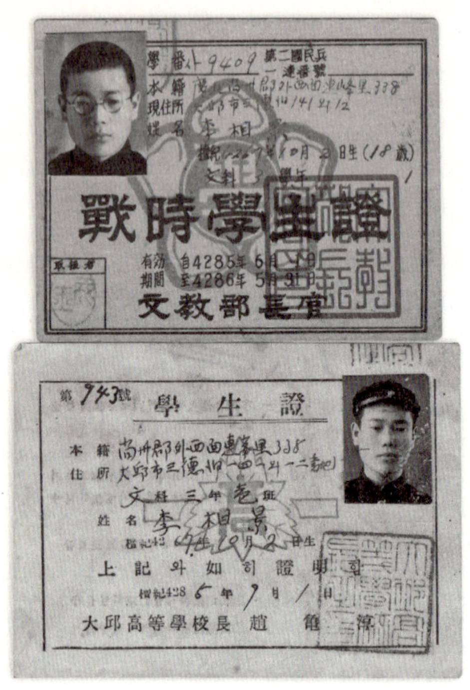

1952년 전시 학생증과
고등학교 3학년 학생증

나가고 그래서 영어는 그 당시로서는 그래도 꽤 하는 것으로 생각이 들고 영어를 강습소에 다니면서 많이 배웠습니다. 우리가 고등학교 2학년이 되었을 때 경북중학하고 대구중학 건물에 유엔군이 들어가 있으니깐 학생들이 갈 데가 없잖아. 갈 데가 없고 그 학교가 계속 유지가 안되면 폐교가 될 거 아니에요. 그러니깐 합쳐버렸어.

유재철 아 경북고하고…

이상경 아니. 경북중하고…

유재철 아 경북중하고 대구중하고…

이상경 합쳐가지고 그 사람들이 다 우리 학교로 와버렸어요 그래서 우리 동창생 수가 갑자기 많이 늘어나게 되고 2학년 3학년을 같이 다녔어요. 나는 영어를 배우려고 노력했습니다마는 서양 사람들과 동양 사람들의 사고방식이 다르기 때문에 영어도 그렇고 독일어도 그렇습니다만 배우기가 힘들잖아요. 힘들어서 나로서는 상당히 하는 것으로 생각이 됐는데 그렇게 제대로 되지도 않고 회화도 미국사람 저녁 수업시간에 가서 듣고 말도 해보고 했는데 그렇게 빨리 개선이 안 돼. 안 되고 내가 3학년이 되기 전에, 내가 왜 그랬는지는 몰라도 하여튼 세계지도를 하나 사서 벽에 붙여놓고 아무래도 공부를 하려면 외국에 나가야겠다는 생각 끝에 영어를 배우면서도 미국에 가겠다는 생각은 없었어. 유럽에 가서 어떻게 공부를 할 수가 있으면 어떨까 하고 벽에 붙여놓은 세계 지도를 보며 내가 유학 갈 곳을 생각하는 과정에서 지명을 잘 외우게 되었습니다.

유재철 그러셨군요.

독어권으로도 눈을 돌린 학구파 고등학생

이상경 그리고 고등학교 2학년 땐 송홍식 신부란 분을 알게 됐죠. 이 분은 스위스 프리이부룩 대학에 유학을 갔다 왔어요. 후일 서 대주교 비서가 되었습니다. 이 신부는 독일 분도회 소속인데 수도원이 이북에서 월남하여 대구 근방에 자리잡게 되고 이 분은 대구주교관에 살고 있었습니다. 어디드라 분도회 있는데가 지금…

유재철 구미 아닙니까? 구미.

이상경 왜관 아닌가?

유재철 그런가 봅니다.

이상경 하루는 이분한테 찾아갔어. 찾아가서 내가 독일 말을 좀 배우고 싶은데 학교에서는 일주일에 한 두 시간밖에 수업이 없어 잘 배울 수가 없으니 어떻게 당신이 날 좀 도울 수 없는가 그랬더니 해주시겠다고 해서, 오후에 내가 몇 주 동안 거기 쫓아다니면서 이솝의 이야기 있잖아요? 그 책을 가지고 그분한테서 배웠어. 배웠는데 사람도 참 좋고 열심히 가르쳐주었어요. 하지만 종교에 대한 이야기는 안 했습니다. 그 당시에는 안 했으나 그러다가 내가 천주교에 대해서 관심을 가지게 되었습니다.

6.
전시 중의 대학시험

천주교와 맺은 인연이 미래를 좌우하다

유재철 그 신부님의 영향을 많이 받으셨군요.

이상경 그렇죠. 그래서 영향을 받게 되어 이따금씩 성당에도 나가고 그분 덕택으로 독일 말도 조금 다른 사람들보다는 잘하게 되고, 근데 인간이란 것이 어리석지만 다른 사람들한테 좀 잘난 체하고 싶어서 내가 그때 세끼구치 쓰기오關口存男*던가 일본 사람이 쓴 책을 갖고 있었습니다. 독일어 책이 있어요. 일본 사람들이 그 당시만

* 독일어 학자였던 그는 중학생 시절 독일어를 배울 때 톨스토이의 『전쟁과 평화』 독일어판을 읽었는데, 그때 먼저 글을 본 다음에 눈을 떼서 낭독하는 식으로 계속 읽어 갔다고 한다. 그때 모르는 단어가 있어도 사전은 가끔씩 찾을 뿐, 대부분의 단어들은 그냥 넘어가면서 읽었다고 한다. 그런데 이 방법이 그에게 엄청난 독일어 실력을 가져왔다고 한다.

하더라도 독어 연구가 깊었거든. 그래서 그 책을 내가 공부를 해서 이론적으로 이렇게 저렇게 조금 알게 되었지. 알게 되고 우리 독일어 선생이 서울대학 철학과 나온 사람인데 내가 자꾸 그 책을 인용해서 공격을 하니깐 꼼짝을 못해. 자기 선생이 꼼짝을 못하니깐 한동안 자부심을 가지고, 독일 말도 배우고 했습니다만, 그래서 선생이 학기말만 되면 나한테 그래. 길에서 우연히 만났는데 나한테 점수 얼마 줬다고 했지. 그 점수가 중요한 건 아니지만 이 선생이 나한테 꼼짝을 못해서 그렇게 독일 말을 배우게 됐는데 삼학년이 되어서 대학을 가야 되는데 가만히 생각해 보니깐 대학을 가서 무엇을 전공해야 될지 모르겠잖아. 근데 독문학을 하려고 하니깐 선생이 없어. 김진섭이라고 서울대학에 독문과 교수가 한 사람 있었지. 독일어 독문학 계통에서는 조금 알려져 있는 사람이 있었는데 이북으로 붙들려 가버렸잖아요. 붙들려 가고 그 이외에는 독문과 계통의 선생이 없었어요. 가만히 생각하다가 보니깐 내가 무엇을 할지 모르니깐 우선 영어를 배워야 되지 않을까 그럼 영문학을 해야 되겠다 싶어서 그래서 내가 서울대학 영문과에 지원을 했잖아. 지원을 해서 서울대학에 지원을 했더니 어떻게 들어가게 됐어. 그때는 상당히 커트라인이 높았어요. 그러나 전시니깐 공부하는 사람들 수는 지금보다는 적었겠지. 적었겠지만 다른 학과에 비해서 커트라인이 상당히 높았어요. 500점 만점에 340, 50가까웠어. 가까웠는데 어떻게 들어가게 됐는지…

전시중의 대학시험

유재철 그때는 시험이 어떻게 됐었나요?.

이상경 다섯 과목을 봐야 해. 500점 만점.

유재철 그럼 다섯 과목이면은 영어.

이상경 내 경우는 영어 독어 국어 수학 사회과학이었지 그랬을 거야.

이상경 시험치고 구두시험 또 봐야 되고.

유재철 구두 시험도요.

이상경 구두시험이야 그렇게 점수가 좀 그럴 때는 구두시험 영향이 있지만은 필기시험이 중요하지.

유재철 그때는 이제 뭐 고르고 이런 건 없었죠? 사지선다형 이런 건 없었죠?

이상경 없었죠. 전부 쓰지. 쓰고 구두시험도 있고, 구두시험은 그 당시에 우리 영문과 주임교수였던 권중휘 선생이 구두시험을 맡았는데 텍스트를 읽어보라 그러는데. 옳게 읽는지 보는 거겠지. 그래서 읽었더니 어떻게 입학은 됐는데 난 떨어지지 않을까 그런 생각도 했는데, 나중에 누구 아는 사람을 통해서 알아보니, '네 점수가 훨씬 그보다 위더라' 그러데, 그러니깐 겨우 들어간 것은 아닌 것 같아.

유재철 수학은 잘 하셨어요?

이상경 못했어. 수학이 제일 문제였어. 다른 거는 괜찮았었는데 수학이 제일 문제였죠. 그래서 어떻게 해가지고 들어가기는 들어갔는데 들어가서 보니깐 과연 학생들 질이 높아.

유재철 대구에 계실 때하곤 좀 다르겠죠.

이상경 조금 다른데 대구도 높았어. 경고는 높았어요. 높았는데 우리 들어갈 때 전국적으로 우리 학교가 제일 성적이 좋았어. 서울대학에 50%들어갔으니깐.

유재철 경북고가요?

이상경 50%들어가고 내 반에 있던 친구가 수석을 차지했어요. 서울대 일등 해 가지고 걔는 대학 2학년 때 그러니깐 프린스턴 대학에 초빙 장학금으로 미국에 유학을 가게 되었지요. 걔가 원래 불문학을 했었는데 어떻게 철학을 했대. 철학을 해가지고 졸업하고 나서 박사 Ph. D 받고는 미시간 대학 교수로 있다가 지금 그만 뒀는지 그건 몰라도 브라운 대학으로 갑자기 가게 됐다 그러던데 미국에 갔을 때 잠깐 만났지. 그 친구는 아주 머리가 좋아. 머리도 좋고 열심히 공부하니까. 김재권이라고. 근데 나는 하여튼 영문과를 선택을 해서 대학에 들어갔어요. 들어갔더니 학생들 수준이 상당히 높아. 경기고에서 온 친구들, 서울고에서 몇 명오고.

유재철 그때 경복고도 있지 않았나요?

이상경 경복도 있고…

유재철 그때 용산고등학교도 있었습니까?

이상경 용산에서 온 친구도 하나 있었어.

유재철 동성에서도 갔을 텐데.

이상경 영문과는 없었어.

유재철 영문과는 없었습니까?

이상경 동성 졸업생으로는 물리학과 다니던 친구하나 있었지.

유재철 동성에서도 서울대에 많이 들어 갔다 그러던데요.

서울대 한 동문에 대한 추억과 동백림 간첩사건

이상경 물리학과 친구를 한 사람 봤어. 박종춘이라 하는 친군데. 그 친구는 살다가 어떻게 자살을 했다고 그러대 어떻게 이유는…

유재철 여기 서요?

이상경 빈 대학에서.

유재철 박 누구요?

이상경 박종춘이라고 물리과 나왔어.

유재철 여기서 학생으로 있다가 자살을 했다고요?

이상경 애매해. 그 집 딸이 변호사가 됐는데 나는 만나보지를 못했습니다만 워싱턴 갔더니 어느 사람이 그러데. 그 사람 딸이 여기 사는데 자기가 그 경로를 확인을 해보고 싶다고 자기 부친이 어떻게 해 돌아가게 됐는지…

유재철 또 뭐 간첩으로 연루되고 그러건 아니었을까요?

이상경 그 당시에는 독일에 있던 사람들을 막 잡아갔잖아요. 27명인가, 그 당시거든.

유재철 그 윤이상 씨 그때입니까 그러면은?

이상경 윤이상 씨, 윤이상 씨는 더 빠르지, 그거보다.

유재철 윤이상 씨가 67년인가 그래요.

이상경 그 당시가 67년인가, 그렇겠지 내가 여기서 만났거든.

유재철 윤이상 씨요?

이상경 아니 그 박종춘.

유재철 동백림 사건이 67, 8년이래요.

이상경 그때는 아니야.

유재철 그러면 또 뭔가 달리 연루됐을 지도 모릅니다.

이상경 그 사람 성실한 가톨릭 신자고 그래서…

유재철 아니 그때야 그냥 애매한 사람 붙잡아서 데려가지 않았습니까?

이상경 예 그러니까 막 들어가는 판이니깐 근데 그 원인에 대해서는 잘 모르지.

유재철 아실 수가 없죠.

이상경 그게 누가 와가지고 그렇게 해버린 건지, 자기가 그렇게 한 건지, 알 수가 없지. 알 수가 없어. 그때는 좀 애매했지. 애매했었는 데다가 하여튼 그 사람이 그때 당했어.

유재철 이게 자살인지 타살인지도 모르는 거잖아요.

이상경 잘 몰라.

유재철 박종춘이라 그러셨어요?

이상경 박종춘. 물리과 나왔어 문리대, 나하고 같이 서울문리대 나왔어. 그때 말로는 자살을 했다고 그러는데, 나는 믿어지지가 않아 경로가 어땠는지 알 수 가없으니 그것하고 관계가 있지 않을까. 그 당시니까 그 직전에 내가 만났었거든. 한번 만나서 고기도 얻어먹고 했는데. 그건 그렇고 내가 무슨 얘기하다가…

교황대사와 교류 그리고 서울대 영문과 시절의 추억담

유재철 영문과 들어가셔서…

이상경 영문과. 내가 다닐 때 교황청 눈치우스, 교황 공사인지 대사…

유재철 대사, 교황대사겠죠.

이상경 예 한국 대사겠지 하여튼 교황사절을 내가 알게 됐어요. 그 사람이 아일랜드 사람으로 강원도 춘천에 주교로 있었잖아요 주교로 있다가 교황대사로 임명을 받았는데 거기에 내가 들락날락 했었는데 그분이 나에게 장면 씨가 번역한 책을 한 권 줬어. 줘서 그 책을 읽었는데 거기 에 보면 옛날 아우구스틴Augustin* 이야기가 많이 나오거든. 내가 거기서 제일 감명을 많이 받은 것이 시간문제야 그러니깐 시간관계…

유재철 현재 과거 미래, 이런 시간.

이상경 그런 관계에 대해서 내가 감명을 많이 받고 거기에 대한 생각을 많이 해서 그런 내용의 문학작품들을 내가 좋아했습니다. 특히 T.S 엘리어트, 거기 나오는 시간관념이 엘리어트 시에 나옵니다. 그런 엘리어트를 누가 강의에서 다루었냐면 송욱 선생이라고 서울문리대 영문과 나와서 강사가 된 분인데.

유재철 송 욱.

* 성 아우렐리우스 아우구스티누스(라틴어: Sanctus Aurelius Augustinus, 354-430)는 4세기알제리 및 이탈리아에서 활동한 기독교 신학자이자 주교로, 로마 가톨릭교회 등 서방 기독교에서 교부로 존경하는 사람이다. 히포 사람 아우구스티누스(Augustinus Hipponensis)라고도 불린다. 그의 이름은 '좋은 징조의' 또는 '덕망있는'이란 뜻의 라틴어 아우구스툼(Augustum)에서 유래하였다. 영어식으로 어거스틴(Augustine)이라고 부를 때도 있고, 간혹 아우구스틴(Augustin)이라고도 한다. 그의 저서 〈고백록〉에 시간에 대한 얘기가 많다.

이상경 예 송욱이라고 시도 쓰고 그랬었는데 사람이 아주 심각하고 그런 사람인데 그 사람수업에 가서 엘리어트를 듣고 시험을 봤는데 B를 주잖아. 근데 영문과는 서울 대학에서 다른 학과에서 보다 점수가 아주 짭니다. 제일 짠 곳이 아닌가 몰라. B 정도는 아주 좋은 성적입니다. 우리 권중휘 선생님 말하기를, '너희들 다른 데 가게 되면 다 A감이다. 그렇지만 나한테 C만 받아도 내가 평생 기억하게 될 거다'라고 했지. 지금은 그렇지 않다고 하는데 좀 그런 점이 있었어. 있어가지고 그 송욱선생한테 B 학점을 받았더니 이 사람은 나를 아주 잘 기억하고 있었어. 근데 내가 없는 동안에 돌아가셨대. 돌아가셨다고 고병익이라고 서울대학 총장을 했던 사람이 있었는데, 그 분이 그런 말을…

유재철 고병익이요?

이상경 고병익.

유재철 이름 들어본 것 같습니다.

이상경 잠깐 뮌헨에 다녀간 적이 있어. 그때 내가 만나보게 됐는데 내가 여기 빈대학에 한국학을 담당하고 있을 때 왔었는데 가서 내 이야기를 송욱씨한테 했던 모양이야. 하여튼 그분이 기억을 하고 있었어. 잠깐 문리대에 갔을 때봤는데 그 이야기를 했어. 내가 대학에 들어가서부터 내 마음이 떠있었습니다 떠있어서 공부도 옳게 하지도 않고 외국으로 나갈 생각 밖에 없어. 인문계는 2학년만 되면 나갈 수 있다 그랬어요. 그리고 자연계는 대학에 들어가지 않아도 나갈 수 있고 인문계는 대학 2년부터 나갈 수 있다고 하였지.

유재철 2년을 마쳐야 되는 거죠?

7.
유학의 꿈과 지옥의 군복무

1950년대, 유학은 어려운 관문

이상경 2학년 마치고 나가려고 하니까 또 그 규정이 바뀌어가지고 인문계는 4학년을 졸업을 해야 된다, 그래서 하는 수 없이 또 마음만 떠가지고4학년을 마쳤잖아요. 마쳤는데 그 당시만 하더라도 내가 교황 사절하고 친했기 때문에 친하고 내가 가톨릭을 그렇게 신앙심이 강해서가 아니라 좀 다른 눈으로 보고 나는 그런 곳에 가서 살고 싶고 그런 곳에 가서 공부를 하고 싶은 그런 생각이 나가지고, 내가 더블린을 택하여 더블린에 트리니티 칼리지라고 있는데 거기로…

유재철 트리니치대학…

이상경 사무엘 베케트Samuel Beckett가 공부도 하고 가르치던 그런 학곤데, 거기를 가려고 했었는데, 그 학교는 프로테스탄트 계통이라 그러데. 그러니깐 교황 사절이 그러잖아요. 거기 가지 말고 유니버시티 칼리지를 가라고 그러데. 그건 가톨릭에서 하는데.

유재철 아일랜드에 있는…

이상경 유니버시티 오브 아일랜드로 가려고 편지를 하니깐 시험보라고 그러잖아. 시험보라고 시험문제가 나왔는데 내가 할 힘이 있어야지. 옛날의 영어시가 잔뜩 나오고 그래서 교황사절한테 가서 이야기를 했잖아. 사실 시험을 보라고는 하는데 내가 여기서 시험 볼 길도 없고, 시험을 어떻게 보느냐고 말이지 그랬더니, 그러면 자기가 편지를 쓰신다고 그러데. 그래서 편지를 해서 입학이 돼서 가려고 그러는데, 한국정부에서 그 당시만 하더라도 외무부 시험 봐야 되지 문교부 지금은 교육부라 하는데 그때는 문교부라 그랬거든. 문교부시험도 보고 문교부에 또 국사시험도 봐야 되지, 또 외무부 영어 시험도 봐야 되고 또 문교부 이중 삼중으로 그냥 사람을 괴롭히잖아. 그 시험을 봤지 4학년 때. 그런데 그 조병옥 아들도 출국하고 김만제, 부총리 하던 친구도. 김만제는 내 같은 반에 있었거든 국민학교 다닐 때, 그 친구도 나가고 하는데 나는 나갈 길이 없잖아. 군대에 안가고 나가려고 하니깐 군대 가라고 그러잖아. 그래서 빽도 없지 돈도 없지. 거기 돈 들이게 되면 나한테 남는 돈이 없잖아. 그래서 하는 수 없이 김재규한테 찾아갔지. 찾아가서 내가 사실 유학을 가야 되는 데…

김재규와 악연이 된 군복무

유재철 그때 김재규는 어디 있었습니까?

이상경 그때 인제 부사단장으로 가있었지.

유재철 강원도 인제?

이상경 거기 일부러 찾아가서 사정이야기를 했더니. 그러면 군대를 가라고 가면 자기가 돌봐줄 테니까 그러잖아. 그래서 군대를 갔어요. 가서 논산훈련소에 들어갔지. 그 논산 훈련소에서 죽는 사람들도 여러 사람들 있고.

유재철 그게 몇 년도입니까, 논산훈련소 가신 게?

이상경 그것이 내가 대학을…

유재철 57년 58년?

이상경 57년이고만, 그때 대학 나오자마자 갔거든.

유재철 그러니까 졸업하시자마자.

이상경 그때는 대학 졸업생들이 별로 군대 안 갔어요. 나중에 보니깐 모두 장교모자 쓰고 그러데. 나만 바보같이 쫄병으로 갔지. 빨리 나오려고 갔더니 그렇게 오래 있고 말이지. 얼마나 힘든지 논산훈련소가. 그런데 또 시험을 보라 그래. 무슨 시험을. 쫄병인데 쫄병이 무슨 시험을. 또 시험을 봤지. 봤더니 특수학교로 가라 그래. 무슨 특수학교를 가라 하니까 공병학교를 가라 그래, 김해에 있는 공병학교로 갔지. 논산 훈련소를 마치고 공병학교를 갔는데…

유재철 그때는 훈련 기간이 몇 개월이었습니까?

지옥의 군생활을 경험하다

이상경 한 3개월 되지 않았을까? 몰라 두 달인가 됐던 것 같은데 기억을 잘 못하겠으니… 그 공병학교를 갔어. 갔는데 공병학교 가니깐 우리가 가기 조금 전에 막사를 짓기 시작했어요. 졸병들이 막사를 지었어요. 그 당시에 지었는데 음식은 그렇게 까지는 나쁘진 않은 것 같은데 막사를 지으니깐 병사들이 돌을 짊어지고 다녀야 해. 산에 돌을 짊어지고 다녔는데 그렇게 자주는 안 갔습니다만, 두세 번 갔는데 못할 짓이었어. 밑에서 돌을 짊어지고 산꼭지까지 올라가야 되거든. 그래야 산을 넘어서 그 돌을 다른 데로 운반이 되니깐 병사들을 데려가서 돌을 짊어지게 하는데 견디기 어려웠어. 그래서 한번 꾀를 부렸죠. 한번 올라가서는 도장을 받잖아요. 받고는 두 번 째 돌을 짊어지고는 안 올라가. 안 올라가고 다른 애들 다 올라갔을 때까지 밑에서 기다리는 거지. 그러다 마지막 판에 같이 올라가, 그러면 시간이 없으니까 도장을 확인하지 않고 빨리 빨리 막사에 돌아갈 준비를 해야 하니까. 그때는 꾀를 부리며 공병학교에 있었는데 장교란 사람들이 훈련을 시켜야 되는데 훈련이 어디 있어. 훈련시키지 않고 졸병들만 햇빛에 앉혀놓고, 날보고 묻잖아. '너 무슨 공부를 했어?' '영문학 했습니다' '그래? 나와, 나와서 나 영어 좀 가르쳐줘' 영어 가르쳐 달라 그래. 내가 그때 제대로 가르쳤는지는 몰라도 가르쳤어 영어를 가르치고 그렇게 공병학교 생활을 했으니 아무것도 할 줄 모르고 지뢰도 땅 속에 묻을 줄도 모르고 다리도 놓을 줄도 모르면서 공병학교를 나왔어. 나오니깐 보충대로 발령이 났잖아. 어느 보충대로 발령이 났는가 하니까 춘천에 있는 제 3보충댄데 춘천에 떨어지는 사람들은 전부 전방으로 가거든. 그래서 춘천으로 가기 전에 집에 가서 돈을 좀 얻어가지고 갔지. 가니깐 잘 때 모두 한 방에다가 졸병들 재우는데 바지 벗고 자라고 그러잖아. 그래서 하는 수 없어서 얻어온 돈을 팬티 속에다가 넣어가지고 잤는데 아침에 자고 일어나니깐 다 없어져버렸어. 옆에 녀석이 가져간 모양이라. 참 기가 막혀서, 그리고 보충대에서 어디로 발령이 났는가 하니깐 인제하고 양구 사이 중간쯤에 있는 야전 공병단 1106 공병단에 떨어졌어. 그런데 이 공병단이 어디서 결성됐는가 하면 전라도 광주에서. 그때만 하더라도 지방 색이 많이 나타나 그 광주에서 생겼는데 이 사람들이 나를 싫어해.

유재철 경상도 사람이라고요?

이상경 싫어하는 것이 첫째 대학을 나왔기 때문에 싫고, 둘째로 경상도 사람이라 싫었지. 일등병이 광주사람인데 오더니 중대 본부에 가서 쇠고기 깡통 몇 개 얻어오라 그러잖아. 내가 무슨 힘으로 받아와. 내가 말한다고 누가 줄 사람이 있어요? 무조건 받아오라는 거야. 근데 못 받아왔지. 못 받아오니깐 총대로 때리는데 얼마나 때리는지 몰라 총대가 부러졌습니다. 나를 그렇게 때려도 아무도 말하는 사람이 없어. 아무도 참견 안 해. 이상하대. 그런데 장교들도 내가 그 공병단에 처음 가니깐 조사를 하잖아. '대학 나온 사람 손들어봐'. 그래서 좋은 일이나 있는가 싶어서 손을 번쩍 들었더니 '대학에선 뭘 공부 했어?' 그래. '영어 배웠습니다.' '남아' 그래서 공병단 본부에 남게 되었지. 남았더니 '작전과에 남아'라 그래. 그래서 남았지. 남았더니 장교란 사람들이 영어 공부하겠다고 나에게 영어 가르쳐 달라고 그러잖아. 그래서 준비도 없이 그냥 가르치는지 안 가르치는지는 몰라도 영어를 가르치고 또 어느 대위녀석은 그때 왜 그렇게 됐는지는 몰라도 부르잖아. 부르더니 니가 사회에 나가면 나보다는 잘났을지 몰라도 한번 당해보라고 그러잖아. 그러면서 때리잖아.

유재철 괜히요?

이상경 아 동네북이라. 생지옥이 세상에 있다면 여기다 하는 생각밖에 안 들어요. 이 때 김재규가 정말 괘씸하다는 생각이 들데. 왜 괘씸한가 하니까 우리 부친이 몇 번이나 편지를 해서 사람 인편을 통해서 도움을 청했으나 안 도와줬어.

유재철 본인이 군대 가라 그런 거 아니에요.

이상경 뒤 봐준다고 하고 도와주지를 않아. 괘씸하지. 처음부터 그런 말을 했으면 내가 어떻게 다른 사람을 통해서 손을 봤을 텐데. 자기만 믿고 일선에 갔거든, 갔는데 안도와 주잖아. 안도와 주고 그냥 둬서, 연세대에 재학중인 그 사람 동생, 김항규라고 찾아가서 자기 형한테 좀 부탁해 봐달라고 부탁도 하고 했는데 동생 말이 '형이 봐줄 거라'고 했지만 안 봐줬어. 하여튼 일요일만 되면 견디지를 못하겠어. 내가 대학 들어가서 세례를 받았으니깐 그 핑계로 몇 십리나 떨어져있는 성당도 아니죠, 공소로 갔어. 가서 미사참배도 하고 근데 그 곳 사람들이 시골 사람들이 돼서 그런지 아주 순박하고 자기네들도 아무것도 없으면서도 그렇게 밥을 만들어가지고 거기 온 사람에게 먹이고 그래. 그래서 일요일 마다 거기 미사에 다니고 했어요. 그런데 하루는 우연히 미군 하사관인데 일부러 미사에 나왔데. 왔는데 난 영어를 몇 마디 하니깐 영어로 인사를 나누었더니 니가 어디 있느냐고 그래. 그래서 어디 있다고 그랬더니 그러면 우리한테 올 생각 없냐고 그래. 제발 좀 데려가 달라고 했지.

영어 실력 덕에 미군부대로 전출

유재철 미군부대로요?.

이상경 미군 부대 고문단이지. 3군단 고문단 인데, 제발 좀 데려가 달라고 그랬더니 그 사람이 신청을 했어요. 그 후 발령이 나와서, 서울로 나와서 다른 부대로 전임 발령을 받으라는 연락이 왔잖아요. 그래서 보따리 싸가지고 갔잖아요. 내가 있는 곳이 인제니까 그 당시는 버스로 한 8시간 걸려요. 서울에서 거기까지 가는 데에. 그래서 거기 담당관이 그러잖아 니가 그 산골 가고 싶으냐고 안가도 괜찮다고 가지 말라고 그러잖아요. 나보고 가지 말고 원주로 가라고, 내가 발령을 내릴 테니까 그 곳으로 가라 하데. 그래서 그 미군 하사관한테 미안은 하지만 내 개인 인생문제니깐 그래도 그 원수가 낫지 않을까 싶은 생각이 나서 그렇게 해달라고 했지. 그래서 내가 원주 케이멕에 가게 됐어요. 케이멕이라는 것은 고문단이지. 1군의 고문단에 갔는데, 갔더니 여러 사람들이 우리 보고 카투사라 그러잖아요. 미군 부대에 있는 한국 사람들을 카투사라 했는데 그런 사람들이 한 중대인가 2중대 있어요. 보더니 영어 몇 마디 한다고 교환수 되라고 하잖아, 그 케이멕에 연결된 전화를…

유재철 전화가 걸려오면.

이상경 이렇게 접촉을 시켜주고 그때는 자동이 안돼서 전부 꽂아줘야 해. 미군이 요청을 하게 되면 꽂아주고 하는 그런 작업을 하고 있었는데, 한 서너 달 지난 어느 날 내가 있던 그 야전 공병단에서 전화가 왔잖아 '특명이 나왔다'고 말이지 내가 유학 갈 수 있다는. 그때는 유학 시험을 본 사람은 1년 후에, 1년 후 같으면 제대하여 유학을 갈수가 있었습니다. 근데 한 1년 몇 개월 됐지 그랬는데 특명이 나왔다고 하여 눈 질끈 감고 반납품을 거기 있는 동료들한테 맡기고 나와 버렸지. 아무 증명서도 없이.

8.
탈영과
캐톨릭 자선단체

유재철 근데 그때 왜 그러셨어요?

이상경 그때 그것까지는 생각을 못했지. 내가 거기에 가서 특명증을 받아와야 하는데 그것이 인제니까 멀잖아, 원주에서.

유재철 안 가셨다는 거에요?

이상경 안 갔지, 가다 헌병한테 걸릴 것 같아서 안가고 서울 부모님 댁으로 갔지. 미처 생각을 못하고 아무 책임감 없이 나와버렸잖아. 들키면 큰일 나지 그거.

유재철 그러네요. 뭐 탈영이나 마찬가지…

이상경 탈영이지. 그것은 그 미군부대 아니었으면 안됐을지도 모르지. 참 그래서 나와가지고는 유학 수속을 하려고 외무부에 알아보니깐 제대 증명 없인 안 된다고 그러잖아. 안 된다고 해서 하는 수 없어가지고는 올 데 갈 데 없이 헤매고 있는데 어느 날 내가 길에서 우연히 서석태 신부라고 중앙협의회 책임자였던 분을 만나게 되었습니다. 내가 대학에 다닐 때 그 분이 급할 때 내가 좀 번역도 해주고 많이 도와드렸습니다. 그 양반이 날 보고 '니 뭘하냐'고 그래. '군대서 나오기는 했는데 아무것도 하는 일이 없습니다' 그러니까 '나하고 같이 가자'고 그래. 그래서 그분이 안주교님한테 날 데려갔거든. 안주교라는 분은 미국분인데 가톨릭 메리놀 수도회 멤버로 평양교구 교구장하다가 월남했는데 서울에 와서 같은 일을 할 수 없잖아요. 그래서 미국에 있는 카리타스 한국구제회 지부장을 맡았습니다. 서울 운니동 소재 대원군이 살던 궁전 있잖아요. 거기 사무실을 가지고 있었습니다. 그 양반을 직접 만나지 않고 그 사람 밑에 미국사람들이 여러명 있었어요. 나를 그 사람들한테 데려가서 여기 구직자가 있으니까 한번 써보라고 그러니까 좋다고 금방 일을 하라고 그러잖아. 그렇게 취직하여 아무 증명도 없이 일을 하는데 머리에는 외국 유학갈 생각밖에 없는데 어떻게 나갈 길이 없잖아. 증명서류가 없으니까.

유재철 제대증 말씀이죠?

돈만 주면 제대증도 만들어 주던 시절

이상경 그게 없어가지고 안 되서, 내가 만주에서 알던 친구가 있는데, 그 친구는 내 담임 선생님 아들이고 담임선생은 한국 분인데 아들을 한국에 두고 거기로 와있었어요. 왜 왔는가 하니까 자기 남편이 조선 해방군에 가있었거든. 거기에서 남편을 만나려고 와 있

1959년 미국 카리타스 한국 지부장 안주교(미국인)와 함께

었는데 남편이 왔다 갔다 했다는 그런 말은 들었습니다만, 하여튼 그 아들이 이따금 방학 때 만주에 왔어요. 그래서 알게 되고 같이 놀고 그랬어. 그래서 내가 알기 때문에 그 친구가 장교로 육군 본부에 있어서 내가 이야기를 했더니 그러면 돈이 좀 든다고 그러데. 돈이 드니까 돈 있으면 해결이 된다고 해. 돈을 우리 부모님이 줘 가지고 그 돈으로 육군본부에서 그걸 해결을 했어. 3년 만에 그냥 세내한 셧 샅이 그렇게 만들어 놔버렸지. 돈으로. 그러니까 나는 아예 군대에서 계속 있는 것으로. 3년 후에 내가 한국에 있는 동안에 군대 나온 것같이 그렇게 돼버렸지. 1년 몇 개월 군대생활밖에 안 했는데 그대로 그렇게 됐지.

군복무 시간에 카리타스에서 근무

유재철 그러니깐 제대할 때까지 카라타스에 계신 거네요.

이상경 거기 있었지 쭉 있었지 내가 62년에 나올 때까지 거기 있었으니까 58년부터 한 3년 반 정도 있었네. 거기 있으면서 안주교님하고 같이 일을 했습니다. 인천에 조그만 사무실이 한 세 명 정도 크기의 소장으로 있었는데 그 당시 젊은 나이에. 무슨 일을 하는가 하면 외국에서 온 물품 인수를 해야 해요. 물자를 인수를 해야 되니깐 그때 무슨 외자청이라고 있었어요. 외자청, 그건 외국에서 오는 그 물건을 관리하는 곳이고 근데 거기서 물건을 다 인수를 해가지고 그것을 분배를 해야 합니다. 안주교님 사무실은 카리타스, 미국 카리타스 구제 기관이기 때문에 한국 신부님들 통해가지고 구호 물자를 가난한 사람들에게 분배를 시키잖아요. 근데 내가 거기 있으면서 한국 신부님들이 어떻게 그 물자를 취급하는지 다 알게 됐습니다. 그래서 미움을 많이 받으면서 그것을 내가 지적을 자꾸 했으니깐 신부님들 하는 일들을 지적을 많이 했으니깐 이 사람들이 그러니깐.

카리타스의 부정을 목격하다

유재철 공정하지 못했나 보죠?

이상경 공정하지 못해. 그걸 팔아가지고서 자동차 사는 사람들도 있고 자기 개인 사업에 이용하는 사람도 있고 여러 면이 있었어요. 왜 아느냐 하면 그 물건들이 시장에 나오기 때문에. 시장에 나왔다는 말은 팔았다는 말이거든 그래서 그것을 감독을 해야 하잖아요. 감독을 하니깐 협박이 들어와. 너 까불면 가만히 두지 않는다는 그런 협박이 신부한테서 들어와요. 간접적으로, 그래도 그 당시는 나이 젊고 생각이 결백하여 그것은 옳지 않나고 생각을 했어요. 내가 거기 있으면서 에런 신부하고 내가 좀 말다툼도 하고 한 적이 있습니다만, 그 당시만 해도 그렇게 외국에서 와 있는 외국 신부님들이 그래서는 안 된다는 생각을 가진 사람들이 많이 있었어요. 한국 사람을 동등한 인간으로 생각 안 하는 것 같은 좀 깔보는 태도…

유재철 그렇게 좀 깔보고…

이상경 예 깔보고 하는 말이, 니가 뭔데 간섭하느냐 그거야. 그래도 할 말은 내가 했는데 비굴하게 그런 영어를 하면서 무슨 간섭을 해 하는 식으로 나를 좀 이렇게.

유재철 치고 누르는 거죠.

이상경 그렇게 비굴하게 그렇게 사람을 대하대. 그래서 그때 내 생각이 종교계에서 일하는 분들이 왜 이런 생각을 하면서도 외국에 나와서 선교사업을 하려 하느냐 그게 무슨 의미가 있는가, 그런 문제를 생각하게 되었거든요. 그리고 또 외국 주교되시는 분이 내가 이름은 말 안 하겠습니다만 한국 신부하고 외국 신부에게 차별을 두니깐 외국 신부들하고 따로 먼저 회의를 하고 그 다음에 한국 신부들만 모아가지고 회의를 하니, 이게 이래서는 안 되는 것 같은 그런 기분이 들어 그래서 내 생각이 그때부터 좀 비판적이 되었지만, 그래도 내가 가톨릭에 대해서 좋게 생각을 하고 나도 성실한 신자가 되었으면 싶은 그런 생각을 가지고 있었습니다. 있었는데 실상은 내가 그 안에 들어가서 생활을 하니깐 내가 생각하던 바와는 아주 다른 것 같아 실망을 했어요.

9.
6.25 동란의 전후 사정

6.25 동란의 실상

유재철 6.25 의 전후의 삶이 어떠셨는지 좀 더 자세히 설명해 주시면 좋겠습니다.

이상경 1950년 6.25 동란이 일어나고 남쪽에서 낙동강까지 밀려서 일단 대구 시민들이 다른 곳으로 피난가다 돌아왔습니다만. 그때만 하더라도 인민군들이 남쪽사람들에 대해서 그렇게 좋지 않은 행동을 취하지 않은 것 같습니다. 그런데 이차로 내려온 사람들이 좀 좋지 않은 행사를 했다. 그런 말을 하는데, 내가 그 당시 고등학교 일학년때입니다. 영어도 그렇게 잘하지는 못했습니다만 영어 회화라도 좀 배워볼까 하고 미군 헌병대에 나를 소개했습니다. 거기서 일을 좀 해볼까 해서 갔더니 야근을 하라 하지 않습니까. 아침에 헌병대에 잡혀온 사람들을 보니까 대게 이북에서 온 사람들이 아니고 남쪽에 있던 사람들로 어떻게 남쪽으로 피하지 못하고 남쪽 군인들한테 붙들려서 내려온 사람들 같애. 이북 사람들은 거의 본 적이 없습니다. 헌병대에서는 근데 그 사람들이 처음이라서 그런지 대우가 금전적인 대우를 말하는 것이 아니라, 나에게 전혀 관심 없어. 나를 추운 방에 앉혀놨다가 새벽에 데려가서 포로된 사람들 심문하여 미군에게 보고하는 일이었습니다.

유재철 통역해달라고 그러는 거죠?

이상경 그렇죠. 통역을. 말은 통역인데 그렇게 잘해서가 아니라 어떻게 취직하여 영어라도 연습해보겠다는 심산에서 시작을 했는데 맘에 안들어서 그만둬버렸어요.

유재철 그러면 헌병대에 있는 사람들이 포로나 마찬가지죠?

이상경 포로지.

유재철 그러면 인민군 포로같지 않다는 말씀이시죠?

이상경 인민군이 아니라 전부 이남사람들인데 어떻게 국군측에서 그들이 인민군에 협조한다는 그런 뜻에서 잡아온 것 같애. 그런데 인민군에 있던 사람은 한 사람도 보이지 않았고. 내 생각같아서는 이북 인민군이 남쪽에 있는 젊은 사람들을 잡아다가 전선에 보내지 않았는가. 그 사람들이 잡힌 것 같애. 인민군은 뒤에 남고. 그런 감이 없진 않지.

유재철 그런데 그때가 전시상황이잖아요. 그때 전시상황은 어땠습니까?

이상경 정치적으로 그때만 하더라도 대구형무소가 우리 집에서 그렇게 멀리 떨어지지 않은 곳에 대구형무소가 있었습니다. 그런데 좌익계 계통 사람들을 잡아서, 급하니까 잡아두고는, 인민군이 낙동강까지 내려오니까 그 사람들을 매일같이 외지로 데려가서, 데려가는 장면을 봤습니다, 사실 사형을 시켰는지 안시켰는지 장담할 수 없습니다만은, 내 병을 다루던 소아과 의사가 있었어요. 서 의사라고 아주 좋은 사람이었는데 없어졌잖아. 잡혀 간 것은 아는데 없이졌으니까 당한 거예요. 틀림없이. 그런데 매일 보게 되면 트럭에다 흰옷을 입은 사람들을 싣고 밖으로 몇 대나 나가곤 해요. 급할 때 데려가서 내 짐작으로는 아마도 사형시킨 것 같애.

유재철 사상이 이상하다거나 그런 사람을 잡아놓은 건가요?

이상경 예. 다 잡아서 가뒀다가 급하니까 그런 거야. 뭐 판단 내릴 수가 없잖아요.

유재철 그 당시에 부모님은 어떻게 하고 계셨어요.

이상경 내가 지난 번에도 말씀드렸다시피 만주에서 돈을 벌었습니다. 그 돈으로 대구에다 큰 집을 샀어요. 칠백오십 평방 미터 되는 큰 집을 사가지고 정미소하고 자전거 가게를 했습니다. 그래서 생활은 정미소에서 나오는 수익으로 생활을 했는데 그때는 전력 문제 때문에 상당히 곤란 했어요. 전력이 모자라니까 자꾸 전기를 끊어버리거든. 전기가 모자라니까 또 조금더 힘을 쓸 수 있는 사람한테 돈을 줘서 전기를 달면 이틀 후에 또 끊어요. 그럼 또 돈 먹여야 되니까.

유재철 그 당시에 그곳이 다 화력발전소였죠?

이상경 그 당시는 내용은 확실히 모르겠습니다만 이북에서 전력을 주다가 끊어버렸으니까 압록강에서 전력은 내려오지 않았겠지.

유재철 남한에 있는…

이상경 남한에 있는 삼척발전소에서 오게 되었는지 그것은 모르겠습니다. 어렸으니까. 거기까지는 생각을 하지도 않고.

유재철 전쟁 때 부모님은 피난가시지 않았나요?

이상경 우린 가다가 돌아왔습니다.

유재철 우리가 생각하는 듯한 전쟁상황은 아니였네요.

이상경 아닌데. 미국 비행기가, 전투기가 와서 잘못 알고 대구에도 저공 비행으로 시민들에게 마구 발사하는 일도 생겼죠. 몇 번 그런 일이 있었고. 그런데 우리 이모의 남편이니까 이모부가 되지. 이모부가 화장실에 갔다가 미군 전투기가 발사하는 소리를 듣고 바지에다 똥을 싸버렸어요. 미군들이 자기네 판단이 안되니까 대구도 발사를 하니까.

유재철 천구백 오십이년이면 미군들이 다 점령했나요?

유엔군들과의 일화

이상경 안 했어. 낙동강까지 밀리고 나서 우리 정부가 수도를 부산으로 옮기고 나서부터 유엔군이란 이름으로 제일 먼저 온 것이 미군이고 그 다음에 태국에서 오고 터키에서 오고 했습니다. 그런데 터키군이 대구중학에 있었는데 우연히 나는 영어를 어떻게 연습해보겠다는 마음보다 호기심에서 터키장교하고 대화를 하게 되었어요. 길에서 대화를 하고 우리 집에 초대를 했어요. 통역장교하고 그 사람 친구 대위하고 우리 집에 와가지고 우리 부친하고 대화를 하고 그 사람들이 그 당시에 하는 말이 우리는 너네의 친척이라서 우리가 너네들을 도우러 왔다.

유재철 직접 전투하고 그런 것을 목격하고 그러시진 않았어요?

이상경 그런 것은 없는데 이야기만 들었어요. 인민군이 어디까지 왔다하는, 근데 대구에서 조금만 나가면 낙동강입니다. 십키로 십이키로 정도. 대구에서 낙동강이 그렇게 멀리 떨어져있지 않습니다. 인민군이 낙동강에 내려왔다고 하니까 낙동강에 있는 사람들이 외지로 피난왔습니다. 그런데 우리는 아무것도 모르고 우리 이삿짐을 전부다 시골에다가 뒀잖아요. 그래서 귀한 물건들이 없어져 버렸어요. 만주서 가져온 동전이니 이런 것들이 없어졌어요. 아마 누가 가져갔겠지. 어떻게 됐는지는 모르겠어요. 그때만 하더라도 남한 정부가 부산에 가있고 비점령지가 얼마 남지 않았어요. 인민군이 마산 근방까지 들어왔으니까. 영토가 얼마 남지 않았는데 그때 미군이 부산에 착륙하여 매일같이 북진하니 그 당시에는 부산에서 올라오는 도로가 아스팔트가 아니어서 먼지가 얼마나 나는지. 우리집이 도로 변이라 매일같이 전진하는 모습을 보게 되고, 그 뒤로 필리핀군, 영국군, 프랑스군대가. 제일 인상적인 것이 나한테는 터키입니다.

유재철 그 사람은 알고 있었나 보죠? 그 사람 말하고 한국말하고.

이상경 교육받은 장교들이니까 알지.

유재철 언어권이 교차되어서요?

이상경 우리나라랑 터키가 사이 좋게 된 것이 그 당시 왔던 병사들이 육이오사변때 전사를 많이 했어요. 그런데 그 사람들 전술이 그렇잖아. 여기에 와서도 그랬겠지만 후퇴를 안하잖아. 후퇴를 안하고 자기 위치를 죽을 때까지 지키고 그렇게 전쟁을 하니까. 한국에서도 아마 그런 식으로 전쟁을 했으니까 전사를 많이 하지 않았나 그런 생각을 하는데. 그 사람들 의식이 그래, 자기나라 동쪽에 살던 사람들, 흉노족하고 비슷한 사람들이 서쪽으로 이동해 와가지고 터키에 들어가고 일부는 헝가리로 들어가고 한쪽은 핀란드 쪽으로 들어갔다. 그런데 헝가리 사람하고 핀란드 사람들하고 별로 접촉이 없었습니다마는 헝가리 사람들은 그런 말을 듣기 싫어하지만 터키사람들은 좀 다른 것 같애. 터키사람들은 한국 사람이 친척이라고 하는데 헝가리 사람들은 일반적으로 유대성을 인정하기 싫어하고 교육받은 사람들도 뻔히 알면서도 부인하나 우리 집안에 헝가리 사람이 있었는데 친척 계통인데 그분은 그래요. 자기하고 나하고 옛날에 종족적으로 봐가지고 같은 피를 받았다고 그런 말을 합디다마는 일반적으로 그런 말을 듣기 어려워요. 핀란드 사람은 어쩔지 모르지만. 우리나라에서 그런 관계 때문에 헝가리하고 관계를 깊이 하려고 했는데 그렇게 성과가 없는 것 같애. 잘못 착안을 한거지. 핀란드하고는 교역면에 있어서 호전이 되고 있는 느낌인데. 몰라 그 사람들은 또 어떻게 생각을 하는지. 그런데 헝가리는 늦게 마자르족이 유럽으로 왔습니다. 핀란드에는 일세기에 오고. 헝가리 쪽에는 팔 세기, 구 세기에 들어 왔어요. 터키 쪽은 더 오래 됐겠지만.

10.
정전 후의 사회상

1953년에 시작한 대학생활과 사회상

유재철 그래서 천구백 오십 삼 년 도에 정전협정이 이루어지고 그때 대학을 들어가신 거죠?

이상경 네.

유재철 그럼 사년 동안 공부만 하신 거죠?

이상경 그렇습니다. 그런데 그때 정전 직후 한동안 서울에 집값이 쌌잖아. 싸서 내가 이렇게 생각을 했어. 집에서 부모가 내 학비를 대고 생활비를 대야 되는데 조그만 집이라도 가지면 집에서 지원을 받지 않고도 살 수 있지 않을까. 그래가지고 조그만 집을 샀습니다.

유재철 성북동이요?

이상경 성북동이 아니라 돈암동에. 샀는데 집이라고 그래도 옳은 집이 아니지. 우물도 없고 수도도 없고 그런 집이었습니다. 같은 골목 어느 집에 있는 우물을 공동으로 사용했어요. 그 집을 사가지고 만주에서 같이 있던, 우리 집에 피신을 왔던 가족이 있어. 그 사람들이 가난하여 생활이 곤란하고 그래서 그 사람들 하고 같이 살고 나는 밥만 얻어 먹고 그 분들은 그 집을 사용하고 그렇게 있다가. 삼학년 중순쯤 되어서 우리 부친이 석탄회사를 열어 대만에서 석탄 수입을 했는데 이 양반이 장사를 해본 적이 없어 남의 돈을 빌려서 한국에서 장사를 하니 될 리가 있어요? 장사 사업수단도 없고 빚만 잔뜩 지고 있어서 그때 돈암동 집을 팔고 성북동으로 와 있었는데 집판 돈을 어느 집에다 맡기고 거기서 그냥 밥 먹고 살고 있었는데 갑자기 대구에서 가족이 다 올라오니까 받을 수가 없거든요. 그래서 내 방을 큰 방으로 바꾸어서 식구가 같이 유숙하면서 부모님들은 동대문에서 멀지 않은 곳인데 거기에 가게를 만들어 가지고 별별 장사를 다 했습니다. 옷장사도 하고 생필품 장사도 하고 그렇게 살다가 나중에 내가 대학 졸업을 하고 나서 불광동으로 큰 땅을 사서 임시주택을 지어 그곳으로 이사를 갔는데 거기가 갑자기 개발이 돼서 살아났지. 우리 어머니가 거기서 별별일 다했어. 집 소개도 하고 그러면서 그때는 거기가 신개발 지역이니까 소개하게 되면 수익이 많았습니다. 그렇게 하다가 어떻게 하여 상당히 큰 집을 짓게 되었어요. 은행 돈을 빌려가지고 지었다 그러데. 집을 지었는데 십 여년 지나서 빚을 다 갚기는 했습니다만 그런 형편에 있으니까 유학이라는 것은 생각하기 어려웠습니다.

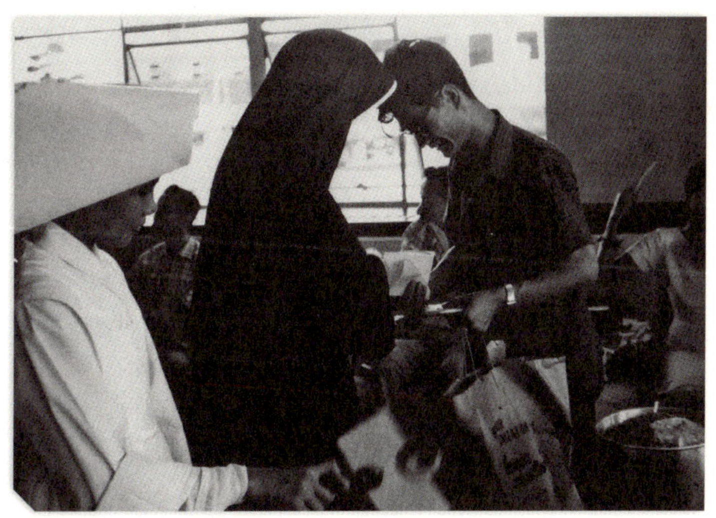

카라타스에서 일할 때(공항에서 미국 입양아 수속중)

카리타스 일과 학업을 병행

유재철 그래서 카리타스에서 3년 반 동안 일을 하신 거군요.

이상경 그렇게 내가 일을 했는데 상당히 보수가 좋았습니다. 내가 집에서 다니게 되니까 내가 받는 돈이 다 남잖아요. 그걸 저축을 해 가지고 왔는데, 어느 날 내 친구의 어머니가 왔잖아. 어머니가 와서 '자기 딸이 대학에 입학을 했는데 입학금이 없다. 없는데 며칠만 돈을 빌려줄 수 없는가' 그래. 나보고. 내 생각이 '그 집안이 가난해서 내가 빌려주면 돌아올 가능성이 없다'는 생각을 하면서도 내 돈을 빌려줬습니다. 그 돈만 있었으면 여기서 몇 달 더 생활을 할 수 있는 금액이었어요. 그런데 그 돈이 내 생각대로 돌아오지 않았습니다.

유재철 거기 계시면서 공부는 계속 하신 거죠?

이상경 인천 지점으로 가기 전에 내가 독문과에 삼학년에 편입을 했습니다. 해가지고 토요일과 저녁 오후 다섯 시 후에 있는 수업에 나가서 점수를 다 따가지고 삼학년 때 점수를 다 땄습니다. 그전에 내가 영문과 다닐 때 딴 점수하고 합쳐가지고 보니까 졸업 안해도 대학원에 진학할 자격을 갖게 되었어요. 그래서 육십일년도 대학원 시험을 쳐서 들어가서 일년 간 대학원에 다녔습니다.

유재철 육십년도에 사일구가 일어났는데 그때 일하시며 공부하실 땐데 그 때의 상황을 이야기해주세요.

이상경 근데 보니까 군인들이 서울 요소요소에 배치가 되가지고.

유재철 그건 516 말씀해주시는 거고. 419때 이야기를 해주시면 좋겠습니다.

이상경 박정희가 그 때 반기를 들고 밤에 들어왔잖아. 다음날 보니까 군대가 여기 저기 입초하고 있잖아. 그 상황은 우리가 알 수 없지.

유재철 그건 516때구요. 그 전에 일년 전에.

이상경 아. 장면씨 때

4.19 혁명과 얽힌 얘기들

유재철 이승만 때 419 일어났을 때는 학생이셨잖아요.

이상경 학생이지. 그때만 하더라도 그래 이승만씨, 우리야 그렇게 학생으로 있으면서 정치운동을 안 했습니다. 그런데 문리대는 어느 정도 참여하고 있었지. 그런데 최윤식이라고 수학과 교수가 있었는데 그때의 부정선거를 수학적으로 유리하게 설명해. 그래가지고 모두들 최윤식 선생에 대해서 좋지 않게 생각을 했는데. 그때 생각을 하면, 이승만씨를 독립운동가로서 애국자로 인정을 하면 되겠지만 정치가로서 유능한 사람이 아니구나 그런 생각은 들데. 자기도 나이 들었지만 나도 이제 팔십 고개를 넘었지만 아마 자기보다는 눈이 더 띄여 있을 것 같애. 근데 그 사람은 사회가 어떻게 돌아가는지 모르니까. 사회가 어떻게 돌아가는지 모르는 사람이 어떻게 정치를 할 수 있어요? 그러면서 자기의 반대파들을 자기가 직접 참여는 안 했겠지만 자기를 지지하는 사람들이 다 제거를 해버렸잖아요. 김구선생도 그렇고 숙청을 해버렸잖아요. 전부 자기편인 사람들이 그런 짓을 한거는 사실이거든. 그런 거 보니까 인간으로서의 박애정신과 인도주의적인 면이 모자라 존경할만한 그런 인물은 아니지 않을까 하는 생각이 듭디다. 그리고 내가 제주도 가서 봤습니다만 자기 별장도 가지고 있는데 자기가 산건 지 아닌 건지 모르겠지만 거기 와서 휴양도 하고 그랬다는 말도 들었습니다. 그런데 경제적으로는 그렇게 부패하지는 않은 사람이 아닌가 그런 생각이 들어요. 부패해서 그렇게 돈을 많이 모았다면 나중에 프렌체스카 여사가 이화장에서 살 때 조금 부유하게 살 수 있었을 텐데. 그렇게 물욕에 눈이 어두운 그런 일은 하지 않았다는 그런 생각은 듭디다. 그 후에 김구선생의 암살에 있어서도 그건 틀림없는 이야기거든. 누구지, 이름이, 안두희던가. 그 사람도 얼마 간혀 있지 않다가 석방되었으니 그걸 보면 뻔한 거지. 정권하고 관계가 되니까 그랬겠지, 그 후에 장면씨가 출마를 해서 당선이 됐잖아요. 그 분이 출마했을 때도…

유재철 4.19혁명 뒤에 장면씨가…

이상경 장도영인지 그런 사람을 참모총장으로 앉혀놓고 했는데, 장도영도 그렇고 장면도 그렇고 힘을 쓰지 못하데. 그런데 그 사람 출마했을 때도 우리 가톨릭 학생회에서도 많이 도와줬어요. 우리는 강원도 가서 그 사람 선거 운동도 하고 그렇게 까지 그 당시 삼학년 때 하고 그랬습니다만 자기 집에도 몇 번 갔었어. 덕 본 것은 하나도 없습니다. 그 분한테 찾아간 일도 없고 찾지도 않았고. 다른 생각에 바쁘니까. 나 같은 사람 생각하겠어요. 학생 신분에 있는 사람. 그래서 삼학년 때인데 나중에 보니까 경복궁인가 새로 지은 건물인지 모르겠습니다만 그곳에 자기 사무실 가지고 있는데 매일같이 데모를 하잖아. 사람들이 데모를 하고 요구를 하는데, 아무것도 없는 처지인데 데모를 하고 요구를 하니까 어떻게 해요? 아무것도 없는 처지인데. 장면씨도 어떻게 해볼 길이 없어서, 민주적인 생각은 있었는지 모르겠습니다만, 어떻게 처치를 못해. 매일같이 수습한다고 하다가 정치도 못하고 그러다가 5.16인지 일어 난거지.

5.16 군사 구테타와 경직된 유교 사회의 관계

유재철 박정희가…

이상경 그 사람도 보고 있으니까 이래선 안되겠다 싶어 반기를 들고 밤에 나왔잖아요. 박정희 얘기는 안했습니다마는 내가 보기는 그래. 한국사람들, 인생관이라 할까 성격이라는 것이 좀 통치하기에 어려운 그런 성격들을 가지고 있는 것 같애요. 유교사상을 받아가지고, 원래 공자가 말하는 그런 유교사상이 아니고 그 후에 송나라 시대에 주자가 임하게 규정을 내린 그 규칙에 의한 유교사상을 피상적으로 받아들여서 그거에 대한 생각 없이 유교에서 그렇게 말하니까 그건 그래야 되지 않을까 그런데 모순성이 그리 많아. 내가 뭐 잘나서가 아니라, 예를 들어서, 난 나이도 들었습니다만 경노사상만 해도 그렇거든. 한국사람들은 유교사상에 따라가지고 경노, 나이 많은 사람을 존경해야 되고 양보를 해야 하는 그런 사상이 옛날부터 머리에 들어있지 않습니까. 머리에 들어있는데 노인 측에서는 어떻게 생각을 하냐. 그것이 당연한 노인의 권리로 생각해. 권리가 아니거든. 한국에서는 권리로 생각한단 말이야.

유재철 그건 지금도 그런 것 같아요.

이상경 지금도 그래. 예를 들어서 내가 대구에서 버스를 탄 적이 있는데 버스를 타니까 어느 나이 든 사람이 올라오더니 젊은 사람이 앉아 있는 것을 보고 "니가 왜 여기에 앉아 있어. 빨리 일어서." 그렇게 하면 젊은 사람들하고 관계가 어떻게 되겠어요. 살아갈 줄 알아야지. 인도주의가 없어. 박애정신이 없어. 그게 문제라. 유교사상만 어떻게 피상적으로. 여기에 있는 한국사람들도 자기가 조금 일찍 태어났다고 형님 노릇 하려고 하고 "니가 언제 나고, 내가 언제 낳지?" 그러면 내게 우스운 생각이 든단 말이에요. 그게 친구지

형님이 아닌데, 그런 생각도 하게 되면 유교사상이라는 것이 우리 사회문제 해결에 있어서 큰 장애가 될 수 있지 않은가.

유재철 그게 병폐가 되죠. 병폐.

이상경 잘못됐지.

유재철 잘못돼서 노인세대랑 젊은 세대가 융합이 안되요.

이상경 사랑이 없어. 사랑이. 젊은 사람에 대한. 젊은 사람을 좋아해야지 나이든 사람들이 좋아하고 거기에 따라서 젊은 사람에게 경노사상이 생겨야 되는데 그런 게 없어.

유재철 자연스럽게, 주고 받음이 되어야 하는데.

이상경 그런 게 없어. 그래서 나만하더라도 예를 들어서, 성당에 나갑니다만 우리 반에서 아가페 담당이 되면 우리가 청소를 해야 되는데, 나는 그렇게 생각해, 젊은 사람이 청소를 하든 나이 많은 사람이 청소를 하든 그걸 누가해도 상관이 없잖아요. 반드시, 젊은 사람이 해야 하는 그런 이유는 없다고 그렇게 생각을 하거든요. 그런데 한국사람들은 그렇게 나이 드신 분이 왜 비를 들고 그렇게 하시냐고 자꾸 뺏을려고 해요. 나는 그렇게 하고 싶지 않거든. 나는 젊은 사람하고 똑같이 같은 자리에서 어떻게 청소를 공동적으로 하고 싶은데 자꾸 한국사람들이 그렇게 생각을 해서 나보고.

유재철 잘못된 생각은 고쳐야 되는데요. 그 생각을 바꾸지 않습니다. 대부분 음식도 여자분들이 준비하잖아요. 남자는 부엌에 들어가면 안되고.

이상경 그것도 잘못 되어있어요.

유재철 잘못된 것은 안 고치고 그걸 고수하면서. 그게 변형된 유교

1962년 한국을 떠나기 전 가족들과 함께

사상 같아요. 공자님의 말씀은 그런 게 아니겠죠.

이상경 안 그렇습니다. 그런데 서양에서는 인도주의, 박애주의 같은 인간의 존엄성을 최고의 가치로 보고 인류 상호간의 평등한 사랑을 권유하는 사상이 장려되고 있습니다. 옛날에도 이런 개념이 있었으나 좀 다른 뉘앙스가 내포되었던 것 같애. 그런 점을 배워서 유교사상도 박애정신이 있어야 돼. 박애정신이 없잖아. 인간 대 인간의 사랑이 없잖아. 규칙은 있어도.

유재철 그래서 우리나라의 정치도 민중에 대한 사랑이 없기 때문에 그런 것 같아요. 그 동안 사랑이 없었고 정말 민중들을 사랑한다면 지금과 같은 정치가 될 수 없겠죠. 그저 뭔가 자기 때에 챙기고…

이상경 그런 점이 있는 것 같습니다.

11.
유학 길에 오르다

마음에 든 여인과의 결혼보다 유학을 택하다

유재철 유학가실 때의 상황을 얘기해주시죠.

이상경 그것보다도 조금 전 이야기를 할 것이, 그런데 내가 대학을 졸업하고 몇 년간 사회생활을 하니까 우리 어머니는 나를 결혼을 시키고 싶어 했어. 나도 그러고 싶었는데 어떻게 나도 출국하는 것이 오래 걸리고 하니까 잠깐 그런 생각도 있었어. 이웃에 있는 이발소를 경영하시는 분이 우리 어머니한테 권유를 했나 봐. 좋은 아가씨가 있는데 어떻게 한번 결혼을 추진해보는 것이 어떤가, 그런데 그 분이 누군가 하니까 치과대학을 나와가지고 세브란스 병원에서 치과의사로 일을 하고 있는 사람인데, 우리 어머니가 먼저 가서 치료도 받고 나보고 한번 만나보라고 그래. 내 여동생하고 같이 가서 만나봤더니 사람이 착하고 예쁜 것 같애. 그래서 나도 마음이

끌렸는데, 그 집에서는 내가 적극적으로 나올 줄 안 모양이라. 내가 인천에 있었는데 인천에서 오면 전화도 해가지고 만나서 데이트도 하고 그럴 줄 알았는데, 난 그때만 하더라도 지금도 마찬가지지만 수줍은, 조금 그런 면이 있었는데 용기가 없는 사람이라. 그래서 한동안 전화도 안하고 가만히 뒀어요. 그 후 우리 어머니가 그 집에 결혼 시킬 생각이 있는지 타진하러 갔던 모양이라. 그랬더니 그 집에서 좀 더 시간을 두고 보는 것이 좋지 않을까 그런 말을 했던 모양이라. 나로서는 그 동안에 여권수속을 했지. 여권수속을 하는데도 어려웠습니다. 치안국, 정보부에서 어찌나 간섭을 하던지. 돈도 없지 빽도 없는 사람이니까, 그래도 여권을 겨우 받기는 했습니다. 받으니까 결혼이고 뭐고 다 던져버리고는 여권을 받아가지고 비행기표 수속을 하고, 그 전에 내가 모은 돈을 남기지 않고 안주교 통해서 미국에서 오스트리아 쪽으로 송금을 하도록 했거든. 인스부르크 카리타스로. 카리타스니까 전 세계로 통하잖아. 미국 카리타스 스왇스 드롬 주교라는 분이 있었는데 그 분이 인스부룩 카리타스 책임자에게 문의를 해가지고 송금을 했어. 그래서 송금을 하고 나서, 내가 여권을 받아가지고, 그때는 미국 비행기가 동경으로 떴지 노스 웨스트. 동경에서부터는 에어프랑스 타고 처음에는 방콕에 갔어. 방콕에 내 친구가 대사관에 있어가지고 거기에 며칠 있다가 뉴델리, 테헤란, 아테네를 들렀는지는 모르겠는데, 하여튼 파리에 와서 비행기를 갈아타고 뮌헨에 도착해서 비엔나로 가려는데 눈이 많이 와가지고 삼월인데 비행기가 뜨지를 못해요. 뜨지를 못하니깐 비행기 회사에서 기차표를 줄 테니까 기차 타고 가라고 그래요. 그래서 나는 좋다고, 빈에 안가고 인스부르크 가겠다고 했지. 그래서 가르미쉬, 미텐발트 거쳐서 인스부르크로 바로 갔어요.

독어권의 대학중에 오스트리아 인스부르크 대학을 선택하다

유재철 훨씬 빠른가요?.

이상경 그게 빠르지. 기차만 있으면. 그런데 3월 11일에 인스부르크에 도착했는데 눈이 와가지고는 하늘이 전부 회색이고 땅 위는 온 세상이 흰 눈으로 덮여 있었어요. 삼월에 아직도 이런 광경을. 그리고 와보니까 얼마나 산중인지. 내 대학 다닐 때 우리 영어선생이 하는 말이 '내가 미국에 갔을 때 한국사람들 만나보고 학교 가서 학생들도 만나보니 큰 대학에 한국사람들이 많은데 학생들이 영어도 제대로 못하더라. 자기네끼리 한국말만 하니 영어도 제대로 못하고 하니까 너는 제발 큰 대학에 가지 말라' 그래. 그래서 가만히 생각하니까 그 당시만하더라도 독일에는 종합대학이 17개교 밖에 없었습니다. 오스트리아는 삼개교. 빈, 그라츠, 인스부르크. 그렇게 밖에 없었어. 그래서 그 당시 제일 작은 학교 궤팅겐하고 말부르크하고 인스부르크를 택해서 편지를 하니까 입학허가서가 궤팅겐하고 인스부르크 대학에서 나와서.

유재철 무슨 과였습니까? 독문과?

이상경 독문학하려고 왔는데 가만히 보니까 생활비가 독일이 비싸.

나는 처음에 내 돈 가지고 공부를 해야 되니까 가능한 빨리 해야지.

유재철 장학금을 타고 오신 건 아닌가요?

이상경 그땐 내가 장학금 타서 오고 싶었는데, 좀 알아봤는데 그것이 처음에는 1960, 59년도 말에 주로 대구에 있는 사람들이 장학금으로 왔습니다. 대구에 있는 학생들만 오게 되고 그 후에 그 이야기를 듣고 해 볼려고 그러니까 그게 오스트리아 가톨릭 부인회 소관이라 그러데. 내 기분이 그래. 이 이상 한국에 있어서는 안되겠다는 생각이 들어. 그래서 이것 저것 알아보고, 안주교님 편지 가지고 알아봤으면 내가 좀 유리하기는 했을 텐데. 내가 알아보고 싶은 기분이 나질 않아. 하여튼 무조건 출국하고 싶어 가지고, 여권 받자 마자 바로…

유재철 그러니까 50년대 때 군대에서 당하신 것, 이것저것 워낙 좋지않은 기억이 많으셨으니까.

12. 인스부르크에서 유학 시작

이상경 지긋지긋해. 아직도 뭐. 그래서 나와 가지고 인스부르크에 와서 역에 도착하니까 어디를 가야 할지 모르겠어. 그래서 택시를 잡아가지고 대학 근방에 있는 어느 조그만 펜션에 데려다 달라고 그랬어. 달라고 그랬더니 펜션 스펙 바허라는 곳인데 깨끗한 곳이었습니다. 거기 갔지. 갔는데 주인이 나를 만나더니 공부도 시작하지 않은 사람에게 박사라고 그래. 기분이 나쁘진 않아. 그렇게 나를 대접하데. 자고 나서는 금방 카리타스 장, 스타인 켈더라는 신부님인데 그 분을 찾아갔더니 송금한 돈이 도착을 했다고 그래. 자기가 생각을 하기를 미국 카리타스에서 나를 여기 유학을 보내가지고 교육을 시킨다고 그렇게 생각을 했던 모양이야. 그래서 내가 사실대로 얘기를 했지. 나는 공부를 하고 싶은데 매년 모은 돈이 이것밖에 없고 집에서도 도와줄 입장이 안 된다라고 하니까 그 양반이 나한테 하는 말이 걱정 말라고 그래. 바로 옆에 있는 사람이

오스트리아 인스부룩 대학전경

곤란한 처지에 있으면 그 사람을 먼저 도와야지, 그러잖아. 그 말 듣고 어느 정도 안심이 돼. 어떻게라도 죽진 않겠구나 그런 생각이 들데. 그 양반의 알선으로 대학 옆에 청소년 직업 훈련소 기숙사(레어링스하임-청소년직업훈련을 받는 사람이 사는 곳)에서 내가 점심, 저녁 식사를 하게되었습니다. 거기에 몇몇 대학 학생들이 청소년들을 가르치는 교사Erziher로 살고 있었습니다. 그래서 처음에는 그 사람들하고 알게 되고 했는데 한 친구는 날 보더니 자기가 내 친구가 되고 싶다고 그래.

유재철 오스트리아 사람이죠?

이상경 오스트리아 학생인데 내 친구가 되고 싶다고 하여 가까이 지내면서 그의 집에도 몇 번 가고 했습니다. 그런데 재밌는 이야기는, 내가 그 집에 가는 도중 기차 안에서 우연히 내 바로 건너편에 앉았던 젊은 아가씨와 대화를 하게 됐어요. 어떻게 독일 말도 하고 영어도 하고 섞어서 했는데 이 사람이 내가 가는 곳에서 얼마 떨어져 있지 않는 곳에 살고 있다고 한번 놀러 오라고 그러잖아. 그래서 내가 친구 집에 머물면서 아침 먹고 일찍 찾아 갔더니 점심 식사에도 초대하잖아. 근데 이웃 사람들도 아주 친절하게 대해줬어요. 그런데 집들도 보니까 한국에 있던 집들과는 달리 문명인들이 살고 있는 집 같은 생각도 나고 과연 서양 사람들은 우리가 살아온 그런 환경보다 다른 환경에서 살고 있구나 하는 느낌이 왔어요. 좀 부럽기도 했습니다. 그런데 그 아가씨는 런던에서 간호사로 일을 하고 있다고 그러데. 그러나 그때 한번 만나고는 만난 적이 없습니다만 상당히 좋은 인상을 얻었지. 여기 사람들한테서 내가 받은 첫 인상이었어요. 내 친구 부친은 일베르크라고 전기발전소에서 일을 하고 있고 그 집 어머니가 포랄베륵Voralberg(오스트리아의 주) 출신인데 사람이 아주 쾌활하고 명랑하여 항상 집에서 노래를 하고 그렇게 나를 좋아했어요. 그 후에도 그 집에 여러 번 가곤 했습니다. 그렇게 지내면서 내가 공부를 하러 온 사람이기 때문에 처음부터 단단히 결심을 했습니다. 이 곳에 놀러 온 것도 아니고 사느냐 죽느냐 이런 처지에 처해있는 것 아닙니까. 독일 말은 처음부터 대학 독일어 코스에 나가서 보충수업도 받고, 한국에서 독일어 배웠다는 것이 여기 와서 보니까 아무것도 아니지. 그렇게 지내면서, 독문과 교수인 투른 헤어, 신문학Neue Literatur교수지. 그 분을 찾아가서, 내가 서울대 재학 시에 바이에른인지 독일 어느 지방에서 여자 분들이 서울에 가톨릭 복지기관의 협력자로 몇분 와 있었는데 그 중 한 분이 그래. '오스트리아 인스부루크에 투른 헤어라고 내가 아는 신문학New Literature 교수가 계시는데 내가 보기에는 당신이 그분한테 가서 공부하는 것이 좋을 것 같다' 그러더라고 이야기를 했더니. 교수님이 '아 그러냐'고 그러면서 '당신이 한국에서 공부한 거 어떻게 인정할 수 있느냐. 처음부터 하라'고 그러잖아. '처음부터 하면 어떻게 해야 되겠느냐'고 물으니까 '프로세미나를 한번 해보라'고 그래. 그러면서 프로세미나 테마(셰익스피어의 기념일에 행한 괴테의 연설)를 나한테 주잖아. 방학 때 그 주제에 대해서 준비를 했지. 그런데 우연히 그 테마에 대한 일본 책 한 권을 갖고 있어서, 그 책을 이용해서 프로세미나 논문을 썼지. 쓰기는 썼지만 교정도 받아야 되고 해서 날 도와 줄 사람을 찾아 독문과Germanistik 도서관에 갔는데 방학 때라 학생들도 별로 없어. 몇 사람 나왔는데 지금의 우리 집사람이 눈에 띄더라구. 그래 얌전하게 보이고 호감이 가는 그 여학생에게 '내가 편지 쓴 것도 있고, 프로세미나 논문을 썼는데 도와줄 수 있느냐' 그랬더니, 기꺼이 해 주대.

대학 도서관에서 미래의 배우자를 만나다

유재철 그 때는 그 분을 전혀 모르셨을 때죠?

이상경 모르지. 도서관에 학생이 몇 명 나와 있었는데, 학생이니까 금방 서로 알게 되지. 총 학생 수라고 해봐야 그때 독문과는 70, 80명 밖에 안 됐을 때야. 대학 총 학생 수가 한 4000명. 그러니까 쉽게 알게되지. 그 여학생은 학기Semester를 한국으로 따지면 학년 수가 높아. 그래서 편지며 이것저것 고쳐 받다가 친해졌어요.

유재철 첫 눈에 반하신 거군요?

이상경 조금 자세히 보니까 다른 사람들에 비해 옷 입은 것이 사치스럽지 않고 뭐라 그럴까.

조금 가난하게 보이는데 나도 한국에서 하도 고생을 많이 해서 사치스러운 사람보다는 그런 사람이 나와 맞지 않을까, 그런 생각이 들대. 난 부자가 되고 싶은 생각도 없는 사람이고. 저런 사람이면 같이 살 수도 있지 않을까 하는 생각이 들었어요. 나중에 친해졌는데 요새 사람들하고 그때 사람들하고 다르거든. 요새사람들 같으면 금방 친해지고 같이 살고 그러지만 그 당시에는 안 그랬어요. 여자들이 좀 거리를 두고 교제를 하려 했지. 근데 그렇게 친하게 지내면서면서 오래 교제하는 건 어려울 것 같고 해서 결혼하게 됐어요.

오스트리아 여인과 결혼

유재철 먼저 프로포즈하셨어요?

이상경 (웃음) 그 사람도 나에게 관심이 많았던 것 같아.

유재철 그러면 그때가 오신지 3년? 2년?

이상경 그러니까 온 지 2년 반, 64년 9월이에요.

유재철 그때 결혼하셨어요?

이상경 네.

1964년 결혼

유재철 그럼 그 2년 반 동안은 계속 이야기하시고 만나시고 집에도 가시고.

이상경 그렇죠.

유재철 그러면 한국에 있는 부모님들한테는 어떻게 말씀 드렸어요?

이상경 부모님들은 처음에 그렇게 달갑게 생각 안 하시는 것 같아서 내가 '사람을 보니까 겸손하고 사치성이 전혀 없고 인간적으로 좋은 것 같다' 그렇게 말씀 드렸더니 반대를 안 하시대.

유재철 두분 다요?

이상경 두분 다.

유재철 그리고 장남이셨잖아요?

이상경 장남인데. '뭐 어쩔 수 없다' 그렇게 생각을 하셨는지 하여튼 반대를 안하고 인정해주시더군.

유재철 그러면 결혼식 때 부모님도 오셨어요?

이상경 그때 어떻게 와요. 허가도 안 나고 못 와요. 여권도 못 받고.

유재철 그러면 결혼하시고 한국도 안 가셨나요?

이상경 안 갔어. 그 때 카리타스 스타인 켈더라 신부님한테 가서…

유재철 혼배성사?

이상경 그분한테 부탁을 했죠. 부탁을 하고, 집사람 친척들하고 한 30명이 왔어요.

유재철 성당에서요?

작은 성당에서 조촐한 결혼식

이상경 성당에서 올렸는데. 난 말씀드렸다시피, 이렇게 말하면 과장일지 몰라도 돈에 대한…

유재철 집착?

이상경 집착이 없었어요. 내가 생각하기에 화려한 성당보다는 소박한 성당에서 혼례식을 하고 싶어서 찾아간 곳이 카푸치나. 인스부르크, 궁정 옆에 카푸치나 성당이 있습니다. 근데 가서 이야기를 하니까 얼마나 좋아하는지. 여태까지 거기서 결혼식을 하겠다는 사람이 한번도 없었다며 다들 좋아하대. 그래서 혼례를 올리는데 수도원 수사들이 다 해줘.

유재철 그러면 사모님 부모님들은 다 오시고? 부모님 다 계셨습니까?

이상경 부친은 돌아가시고. 어머니하고 동생들하고 오고.

유재철 그 동네 분들은 오셨을 거 아닙니까?

이상경 네 몇 사람, 동네 자기 친구들 몇 사람 오고.

유재철 한국 신부님들은요?

이상경 신부님들은 아직 방학 때라 9월 달이니까.

유재철 누가 오셨어요?

이상경 신부님들은 안 왔어요.

유재철 공부하는 학생들은요?

이상경 학생들은 있었어요. 모두 한국에서 지금 좋은 자리에 앉아 있잖아요.

유재철 그분들이 몇 분 오셨겠네요, 그러면.

이상경 안 왔어요. 방학 때인데.

유재철 아무도 안 오셨어요, 결혼식 때?

이상경 아무도 안 왔어요. 장익, 나중에 장 주교. 그 양반도 그때 거기 있었고.

유재철 장익 신부님은 오셨어요?

이상경 안 왔어요. 아무도 안 왔어요.

유재철 그럼 거기 한국 분이 사시는 분이 있었어요, 인스부르크에?

이상경 한국사람 한 11명.

유재철 학생 말고.

이상경 학생 말고는 없었어요.

유재철 다 가톨릭 신학생들?

이상경 네 신학생하고.

1962년 장면씨의 아들, 장익 부제의 신부 서품식 날

유재철 일반 공부하는 학생들도 있었어요?

이상경 네 의과대학 다니는 학생도 있고. 그 다음에 약학 하는 학생도 있었고.

유재철 그분들은 다 돌아가셨어요? 한국으로 가셨습니까?

이상경 의과대 한 사람은 일본에 가고. 약학 하는 사람만 한국에 가서 대학 교수가 되고. 그 후에 또 한 사람 약학 한 사람은 독일에 가버리고. 또 다른 사람들은 공부를 끝내지 않았는지 모르겠어요. 몇 사람 있었는데 독문학 하는 유학생도 있었고. 의과대학 다니는 사람은 스위스로 가버리고.

유재철 그럼 그분들하고 만남은 없었습니까? 거기 계실 때, 학교 계실 때.

이상경 만나게 되지.

유재철 서로 만나서 이야기도 하고 술도 한잔 하고. 차 마시고.

이상경 네. 외로우니까 이따금, 기숙사에 찾아 가게 되면 만나게 되고 또 신부님 한 분, 양로원 비슷한 곳에 거기 한 분이 계셨는데. 그 양반은 나중에 싫어하는 것 같아. 너무 자주 가니까. 그래서 거기도 못 가고.

유재철 학생들하고 대충 어떤 얘기들을 나누셨습니까?

이상경 잘 모르겠어. 잘 기억이 안 나는데.

유재철 한국 얘기 많이 하셨겠죠.

이상경 여기 사정 이야기를 하게 돼요. 나는 여기 사정을 모르니까 어떤지 묻게 되고.

유재철 그러니까 먼저 오신 분들도 계셨고 늦게 오신 분도 있고.

이상경 늦게 온 사람들, 늦게 여학생들이 몇 명 왔는데. 늦게 온 사람들하고는 그렇게 접촉이 없었던 거 같아.

유재철 대부분 이 나라 이야기만 하신 건가요?

이상경 나는 주로 그런 얘기했는데 내가 이야기를 듣기에는, 한 사람은 자기가 이씨왕조의 마지막 왕자라고 하는 친구가 있었어요.

유재철 왕손이다?

이상경 네. 왕손이라고. 여기 사람들은 그렇게 알아들었던 겁니다. 그래서 사기도 하고 그런 것 같아. 문제가 있었어요, 그 사람이 누구라고 지적하기가 어렵습니다만 신문에도 나고 그랬어요.

유재철 사기 쳐서요?

이상경 그런 사람이 있었어요. 공부 끝나고 가버렸습니다만. 그리고 의과 대학에 한국 사람이 또 한 사람 있었는데 그 사람하고 둘이 사이가 나쁘고. 모르겠어요, 왜 그런지는. 서로 도와서 공부하면 좋을 것 같은데. 한국사람끼리 경쟁을 하는 것 같아, 쓸데없이. 그래서 서로 싫어하고 참 보기 딱하대.

13.
빈대학 일본학과 조교(Univ. Assistent) 부임

결혼 전후의 재정상태

유재철 그래서 결혼하시고 생활은 어떻게 하셨습니까?

이상경 그 이야기를 하려고 하는데. 순서대로 내가 이야기를 할께요. 인스부르크에 와서 6개월쯤 됐을 때 슈타인 켈더라, 카리타스 책임 신부님에게 내 사정 이야기를 했더니 그 분이 하시는 말이 '자기가 주교님하고 이야기를 해볼까', 그래요. 그런데 나는 아무 대답 안하고 그 후에 내가 루시 주교님을 직접 찾아가서 내 사정을 이야기 했지. 사실 이래 저래하고 내가 돈은 조금 가져왔지만 공부 끝날 때까지 생활하기에 충분치 않아서 경제적으로 곤란하다고 그랬더니, 그럼 자기가 알아보겠다고 그래요. 그러면서 이 양반이 재정을 맡고 있는 신부님한테 부탁을 한 모양이에요. 이런 사람이 있으니까 좀 경제적으로 도움을 줄 수 있는 길을 한번 알아보라고.

그때만 하더라도 지금이랑 달라서 신자들이 착실하고 충실했잖아요. 성당에도 많이 다니고 주교가 뭐라고 그러면 다 잘 따르는 그런 시대였습니다. 재정담당 신부가 티롤Tyrol(오스트리아의 주 이름) 가톨릭 부인회에다가 물어봤던 모양입니다. 이런 학생이 주교님한테 와서 사정 이야기를 하는데 무슨 가능성이 있겠는가, 그랬더니 된다고 그랬던 모양입니다. 그래서 내가 장학금을 받게 됐습니다. 근데 장학금이라고 해봐야 그렇게 큰 돈이 아니고 1600 실링인데, 그걸로 생활은 돼요. 방값이 한 달에 300실링, 400실링 미만이고 하니까 생활하기에는 넉넉하지. 그런데 학비는 거의 없고. 학비만 하더라도 그 당시에는 시험 조금 보고 그러면 다 면제가 돼버리니까. 학비가 있기는 있어서 외국 학생은 국내 학생들보다 세배였지. 세배인데 워낙 학비가 적어가지고 세배라도 얼마 되지가 않아. 그래서 시험 조금 봐서 교무 책임을 맡고 있는 교수님한테 가서 조금 봐달라고 그러면, 오케이 면제. 그런 식이었습니다. 그래서 대학 다니면서 의료보험료 이외에는 내가 학비를 낸 적이 없습니다. 나는 그것을 몰랐지. 학비를 내 돈으로 했으면 큰일 났을 뻔했어. 미국 같은 그런 나라 대학에 갔으면 야단날 뻔 했지. 여기 제도가 그래서 내가 도움을 많이 받았습니다. 그 당시 대학 독문과에 영국에서 학생들이 몇 사람 와 있었어요. 영국, 웨일즈에서 유학생들하고 또 한 학생은 런던에서 조금 떨어져있는 곳에서 온 학생이 있었는데, 그 학생하고 내가 친하게 지냈습니다. 친하게 지내면서 독일 말이 서로 완전치는 못하니까, 영어로 얘기를 주고받고 놀러도 다니고 그랬는데 한 반년 후에 떠나갔습니다만 아직도 그 사람하고는 내가 카드교환도 하고 그럽니다. 그러다가 내가 아까 잠깐 언급한 프로세미나 논문을 읽은 내 담임 교수가 내가 쓴 것이 너무나 잘 돼있다고 그러잖아요. 난 그 테마에 관한 일본 책이 있어서 그 책을 잘 이용해서 쓴 건데 너무 잘 돼있어서 '이거 니가 쓴 거 아니잖아' 라고 그러잖아. 그래서 내가 쓴 쪽지며 자료들이 다 나한테 있다 그랬지. 우리 집 사람이 교정을 했으니까 자기가 교수한테 찾아가서 자기가 한 일은 교정밖에 하지 않았다는 맹세까지 할 수 있다고 말하니까 그때부터 날 조금은 신용을 했던 것 같아. 그렇게 그 교수 밑에서 공부를 하게 되는데 나중에 내가 말했지. 루시 주교님한테 가서 내 사정을 이야기했더니 그 양반이 나한테 장학금까지 마련해 주더라, 그런 이야길 하니까 티롤 지방에서는 모든 교수들이 주교한테는 약하거든. 그래서 나에 대한 생각이 조금 더 긍정적이지 않았는가, 그런 생각이 듭니다. 그 교수 밑에서 공부를 하는 동안 65년도 12월에 첫 딸이 생겼잖아요.

첫 딸이 태어나고 박사학위 논문을 준비하다

유재철 65년도.

이상경 65년도. 나는 내가 공부하는 동안에 애가 없었으면 싶었는데, 아내는 자기가 애를 가질 수 있는지 없는지 그게 신경이 쓰였던 모양입니다. 그래서 애를 가지고 싶었던 것 같아요.

유재철 사모님은 무슨 공부하셨습니까?

이상경 독문학과 고전어학Altphilologie. 그래서 내가 독문과에서 아내를 알게 된 거지요. 아내는 고등학교 교직 자격 준비 마지막 단계에 있었어요, 나는 어느 정도 지도교수의 인정을 받고 공부를 계속하는데, 65년에 큰 애 났을 때 내가 박사과정에서 학위논문 준비를 하게 됐어요. 67년에 둘 째가 태어 났을 때도 논문은 끝내지 못했습니다. 논문은 리하르트 샤우칼Richard Schaukal이라는 20세기 초기에 오스트리아에서 활동한 서정시인에 관한 것이었습니다. 그는 산문작품도 쓰기는 많이 썼습니다만 주로 서정 시인으로서 알려져 있어요. 지금은 샤우칼가쎄Schaukalgasse라는 거리 이름도 있습니다. 당시에는 상당히 알려졌던 분인데 그분에 대해서 써보라고 그래. 그 분 신앙의 발전 단계를 ……

유재철 시로 표현한 거군요?

이상경 시작품을 통해가지고…

유재철 자기 신앙심을?

이상경 네. 그 길을 조사를 해보라고 그래. 그래서 이것은 내가 할 수 있지 않을까, 싶대. 그래서 오케이 하고 그걸 했습니다. 근데 내 생각에 지도교수가내가 주교하고 이야기하고 그랬다니까 좀 그쪽으로…

유재철 가톨릭?

이상경 네. 그런 테마를 주지 않았는가 그런 생각이 듭디다. 67년도 말경에 논문은 거의 다 썼는데 구두시험을 또 봐야 되잖아. 내가 그 때 곰곰이 생각해 보니까, 우리 집사람은 교직 자격을 땄는 데 만약 내가 여기에 있지 않고 한국이나 미국이나 다른 나라에 가서

▲ 1968년 부부동반 박사학위 수여식

▼ 박사학위 축하연

살 때 여기서의 교직자격은 인정을 못 받잖아. 그래서 내가 아내한테 그랬지. '그런 점이 있으니까 당신도 박사학위를 따는 게 어떨까' 라고 말을 했더니 수긍하고 그 때부터 박사학위 준비를 했습니다. 시작은 했는데 얼마나 어려운지, 애들…

유재철 양육문제.

이상경 네. 아내는 또 직장에 나가고.

유재철 무슨 직장을?

이상경 학교에 나갔어요. 사범학교 | Lehrerbildungsanstalt에, 사범학교란 초등학교 교사 양성소잖아요. 지금은 그런 제도가 없어졌습니다. 거기서 라틴어와 독일어를 가르쳤습니다. 학교 나가면서 애 둘 돌봐야지, 논문 써야지 죽을 노릇이었죠. 나도 아내와 거의 마찬가지로 어려웠지만 내가 끝낼 쯤 아내도 끝이나 68년 11월 둘이 같은 날 박사학위를 부여 받았습니다. 끝나기는 했는데 가만히 생각하니까 올 데 갈 데가 없잖아. 내가 여기서 독문학 공부를 해가지고 어디로 가. 그런데 내가 박사학위 받은 소식을 우리 부모님한테 알렸더니 우리 부친이 옛날 내 주임교수한테 찾아갔어요. 그때 권중휘 선생이라고 서울대학 총장을 할 때인데 그분한테 찾아갔더니 하시는 말씀이, 당장 돌아오게 하라고 하셨지. 돌아오면 자기가 책임지고 일 자리를 마련해 줄텐데, 당장 돌아오라고. 거기서 교수되면 뭘 하냐고. 나중에 나이 들어서 어떻게 할 거냐고 그러신다는 소식이 우리 부친한테서 왔어.

박사학위를 받고도 한국으로 못 돌아갈 상황

이상경 근데 내가 가만히 생각하니까, 한국에서 내가 많이 고생하던 생각들, 그 다음으로 장래에 내 자식들이 또 그런 일을 겪게 되면 어떻게 하겠는가. 그래서 가려고 하니까 겁이 나는 거야. 내가 한국에서 고생을 하다가 제일 잠을 잘 잔 날이 인스부르크에 도착한 바로 그날 제일 잠을 잘 잤습니다. 그렇게 내가 고생을 하다가 왔는데 그 당시에는 한번 들어가면 못나옵니다, 60년대에는. 그래서 아무리 생각해도 한국에 돌아가기에는 용기가 안나. 만약에 문제가 생길 때는 어떻게 하겠는가, 가족을 데리고. 그래서 내가 생각을 하다가 미국 같은 데는 취직이 가능하지 않을까 해서 미국 여러 대학에다가 편지를 냈는데. 근데 미국 제도는 항상 인터뷰가 있어요. 채용할 사람이 후보자들을 인터뷰해서 결정이 돼요. 편지를 어디 몇 군데에 냈더니 하는 말이, 미국에 인터뷰 오라고 그러더라고요. 오라고 그러는데 내가 그렇게 돈이 있는 사람도 아니고 왔다 갔다 할 만한 처지에 있지가 않잖아. 그래서 미국은 좀 어렵겠다 싶었고 미국에 가게 되면 그때는 군대도 의무잖아, 남자는. 아들은 또 어떻게 되겠는가 말이지, 미국에 가게 되면. 그런 생각이 들어가지고 캐나다로 가볼까, 그랬어. 캐나다로 가볼까 하고 비엔나에 와 캐나다 대사관에서 지원서를 썼지. 썼더니 건강진단을 해보라고 그래. 그래서 그런 것도 하고. 그런데 언제 허가가 나올지 몰라서 그 동안에 나는 영국에 갔지. 한달 동안 영국에 있는 사이에 캐나다 대사관에서 오케이가 나왔잖아. 나왔는데 본인이 없으니까 보류해달라고 그랬는데 보류가 안됐는지 내가 돌아와서 가보니까 담당관이 바뀌었어. 바뀌어가지고 새로 온 담당관이 안 된다고 그러잖아. 그래서 하는 수 없어서 캐나다도 다 치워버리고. 독일은 어떨지 몰라, 우리 한국말을 가르칠 만한 그런 곳은 없을까 해서 독일 대학 몇 군데다가 편지를 했어. 본 대학, 보쿰 대학. 본 대학에서는 자기네는 한국어 수업을 도입할 계획은 있는데 아직 채용을 할 만한 그런 처지에 있지 않다고 그러고. 보쿰에서는 레빈Lewin이라고 일본학과 교수인데 한국학도 맡고 있었어요.

빈 대학 연극학과에 강사 자리를 알아보다

이상경　이양반한테서 편지가 오기를, 여기에는 자리가 없지만 빈 대학에 킨더만Kindermann*이라는 연극학 교수가 있는데 그 분이 최근에 극동연극Fernöstliches Theater에 관한 책을 한권 냈으니까 그 사람하고 한 번 얘기해보라고 그래. 그래서 킨더만 교수한테 편지를 했지. 했는데 답이 없어. 답이 없었는데 내가 캐나다 대사관 수속 때문에 한 번 빈에 왔을 때 롯테Lotte라고 내가 논문 썼던 시인의 딸 집에 내가 머물고 있었어요. 그때 그 딸한테 이야기를 했지, 내가

* Heinz Kindermann(1894-1985): 10권의 유럽연극사 책을 써 유명하다. 나치에 동조한 학자로써 비난을 받았지만 그의 학문적 업적은 타의 추종을 불허하였기에 2차 대전 후 물러났던 교수직에 복귀하여 빈 대학 연극학과를 이끌었다.

사정이 이런데 캐나다로 가볼까 했는데 캐나다도 안 되고 킨더만 교수한테 편지를 했는데도 답장이 없다고 그랬더니 킨더만 후임을 자기가 잘 안대. 잘 안다면서 자기가 그 사람한테 전화를 할테니까 그 사람 한 번 찾아가보라고 그러잖아. 그래서 전화를 했더니 그 교수(디트리히 여교수)가 한 번 만나자고 그래. 그래서 연구실에 가서 만났지. 만났더니 이것 지것 물이보는데 내가 뭘 알아야지. 그런데 나는 대학에 다닐 때 동서 문학에 대해서 관심이 많아서 비교문학자가 되는 꿈을 꾸고 있었어요. 서양에 가서 문학을 공부해서 비교문학 교수가 한번 되어봤으면, 그런 생각을 항상 가지고 있었잖아요. 공부 끝나고 쉬는 동안에 호프만스탈등 동양에 관심이 있는 시인들의 작품을 읽고 그랬습니다.

그래서 나는 그런 데에 관심도 많고 장차 그런 계통으로 일을 해보고 싶다 그랬더니, 하는 말이 당신이 어느 정도 능력이 있는지 모르니까 한번 논문을 써보라고 그래. 그래서 내가 처음으로 테마를 받아서 쓴 논문이 「바로크 연극과 가부키」. 가부키와 바로크 연극의 비교연구. 그것을 한 번 써보라고 그래. 그래서 내가 인스부르크에 돌아 가서 한 3-4개월 동안 도서관에 쫓아다니면서 그걸 썼어요. 써가지고 디트리히 교수한테 보냈는데 소식이 없어. 계속 기다릴 수도 없는 상황이 됐는데 인스부르크에 있는 어느 한국 여학생이 포랄베르크Voralberg에 있는 오스트리아 학생하고 결혼을 했잖아. 결혼을 했는데 남학생의 어머니가 자기 며느리 때문에 한국 사람이 주변에 있으면 좋겠다 싶었던 모양이야.

그래서 그분이 내게 어느 회사를 소개해. 이런 회사가 있으니까 거기에서 당신 일할 생각 없느냐고. 그래서 다른 데도 마땅한 자리가 있는 것도 아니고 그래서, 거기로 간다고 그랬어요. 그래서 그쪽으로 갔잖아요. 갔는데 어느 날 연극학과에서 소식이 오기를 '내가 쓴 논문을 「마스케 & 코투른」Maske & Kothurn(연극학과에서 발행하는 연극잡지)에다가 발표를 한다'고 하는 내용 이상의 다른 소식은 없어. 그래서 내가 알아보게 했잖아. 인스부르크에 있는 우리 집사람 친구인데 독문학 공부한 여학생인데 그 사람이 연극학과 교수 그라이제네거Greisenegger를 알았던 모양이에요.

그래 그 교수한테 편지를 내니까 연극학과엔 자리가 없다고 그러잖아. 그래서 나는 희망이 없는 줄 알았지. 그래서 오지리 회사에 영문으로 편지도 쓰고 독일어 편지도 쓰고 그런 일을 하는 외국통신원으로 취직을 했어요. 했는데 월급이라고 해봐야 5000실링이니까 그 당시 겨우 먹고 살 정도고, 우리 집사람도 그쪽으로 학교를 옮기려고 했는데 그 당시만 하더라도 선생이 모자랐습니다. 그래서 대환영이지. 애들까지 다 봐줄테니까 제발 학교 나와 달라고 그런 형편이었어요. 우리 식구가 모두 그 곳으로 이사를 가, 내가 거기서 몇 달 동안 일을 하고 있는데 내 논문이 잡지에 실렸다는 소식을 들었어. 다시 물어봐도 자리도 없을 것 같고 그래서 내가 디트리히 교수한테 직접 연락을 취했는지 아니면 내가 직접 가서 이야기를 했는지 기억이 확실치 않은데, 하여튼 연락을 했는데 아무 응답이 없어서 나중에 직접 다시 물어봤더니 그러면 한 번 다시 와서 이야기를 해보자고 그래.

나중에 알아봤더니 자기가 해줄 수 있는 것은 강사직Lehrbeauftragter

이고 주 4시간만이 가능하다 그러더군. 강의 4시간 가지고는 내가 빈에서 생활이 됩니까? 그래서 어떻게 할까 생각을 하고 있는데. 그때 일본학과에 크라이너Kreiner라는 사람이 있었습니다. 그 사람이 본에 도첸트Dozent(전임강사지만 교수 자격 시험을 통과한 사람)로 가 있었는데 빈에 교수로 부름을 받아 오게 됐어요. 그분이 자기 소개겸 일단 교육부Bildungsministerium에 가니까, 교육부에 그 당시에 내가 어느 변호사를 통해가지고 한번 알아보게 했거든. 알아보게 했는데 그 사람이 교육부에 들어오니까 그 담당관이, 이런 사람이 있는데 일본학과에는 필요 없느냐고 물었더니 우리 과에 그 사람을 채용할 수 있다고.

그래서 양쪽에 들어가게 된거죠. 일본학과 어시스턴트, 연극학과에 4시간강사. 4시간은 나한테 많아 연극학과에 일단 2시간만 하겠다고 그랬어.

찬신만고 끝에 일본학과 월급조교(Assistent) 자리를 얻다

유재철 일본학과에서는요?

이상경 어시스턴트지. 어시스턴트이면서 렉터Lektor(강사), 코리안 렉터(한국어 강사)지. 그렇게 하면서 이사를 오려고 하는데.

유재철 어시스턴트면 생활이 되나요?

이상경 물론 렉터는 아무것도 아니에요. 여기는 어시스턴트 아니면 못 살아요. 강사로서는 못삽니다.

유재철 한국으로 말하면 전임이 되는 거죠?

이상경 전임이죠. 한국은 어시스턴트(조교)는 아무것도 아니지만 여기하고는 다르잖아요,

유재철 가족이 다 올라오신 겁니까?

이상경 네. 그런데 그때, 내가 결정을 하려는 당시에 브레겐츠Bregenz(지방 주 Voralberg의 수도)에 있는 사크리케어라는 성심여고지. 여자학교인데 거기에서 편지가 왔는데 우리 학교에서 당신에 대해서 관심을 가지고 있으니까 우리 학교로 오라고.

유재철 거기서 뭘 하라고 해요?

이상경 영어하고 독어 가르치지. 독문학 가르치게 되겠지. 내용에 대해서는 이야기를 해보지도 않았어요.

유재철 고등학교죠, 그러니까?

이상경 고등학교죠. 주로 영어를 맡게 되었겠지 독어보다는. 독문학을 가르치게 됐겠지. 내용은 이야기도 안 해봤습니다마는 성심여고에서 오라고 했어요. 근데 여기 대학에서 다 결정이 났으니까 성심 여고는 생각할 필요가 없게 됐지. 그 전에 내가 포랄베르크에 간 것이 포랄베르크에 가고 싶어서 간 것이 아니라 거기에 가서 스위스로 넘어갈 기회를 엿본겁니다. 여기서 이왕 고생하는 거면 돈이라도 몇푼 더 버는 것이 낫지 않을까 싶어가지고. 여기서 선생하기보다는 스위스에서 선생노릇하는 것이 낫겠다 싶어 상트갈렌Sankt Gallen에 로르샤흐Rorschach라는 데가 있어요. 그러니까 보덴제Bodensee 호수쪽에 있는 조그마한 도시입니다. 거기 사범학교에서 선생을 찾고 있어서 응모를 했지. 학교 교장이 인터뷰하러 오라

오스트리아 빈 대학 전경

고 해서 갔더니 교장하고 영어 선생하고 같이 왔어. 같이 왔는데 교장 하는 말이, 자기 옛날 여자친구가 한국 사람이었다고 그래요. 그래서 그런지 나에 대해서 상당히 관심을 보이더군. 인터뷰를 했는데 자기는 이러쿵 저러쿵 말하진 않았고 나중에 상트갈렌 교육국에서 답장이 왔는데, 니 자격이 너무 높다. 그러니까 싫다는 말이겠지. 그런 식으로 답이 왔대.

유재철 그 후 빈에서 어시스턴트로 생활을 시작하신거군요.

14.
교수 자격 시험 도전

'일본 연극이 유럽 연극에 미친 영향'으로 논문 테마를 잡다

이상경 근데 아시다시피 제도가 그렇잖아요. 어시스텐트 돼가지고 만년 어시스턴트 생활을 하는 사람도 있습니다만 학자가 그래서는 안 되지. 그래서 내가 생각을 해보니까 아무래도 교수 자격을 얻어야겠는데 무슨 테마에 대해 쓰면 좋을까, 생각을 해보니까 내가 연극학과에서도 수업을 하니 연극학과 관련이 있는 테마에 대해서 쓰는 것이 좋겠다 싶어서 한국 하고 일본하고 양쪽에 관련이 되는 주제가 없을까 생각하다가, 신파신극, 한국과 일본에 있어서 신연극 운동을 테마로 해서 한 번 해보면 어떨까 하고 생각을 했는데, 한국 것이 들어가기는 해도 나는 여태까지 문학을 공부한 사람인데 문학적인 요소가 약할 것 같아서 생각하다가 가만히 보니까, 일본에 노극- 노극의 작품들이 문학성이 대단하거든요. 나도 그 동안에, 그때야 잘 몰랐지만, 자세히 살펴 보니까 노가 문학성이 대단한 연극 형식이야. 난 그때만 하더라도 노와 유럽연극하고의 관계를 많이 몰랐습니다. 몰랐는데 보니까 가능성이 있을 것 같아. 노와 유럽연극.

말씀드렸다시피 문학적인 요소가 많이 내포되어 있어 내가 이런 논문을 쓰는 것이 유리하지 않을까 생각했지. 나는 여태까지 공부한 것이 문학이니까. 그렇게 많이 아는 것은 없어도 그래도 문학을 여태까지 해 왔으니까 그런 테마에 대해서 한번 쓰면 가능하지 않을까. 근데 이것을 일본학과에서 하느냐, 연극학과에서 하느냐. 근데 일본학과 선생들을 보면 일본학과가 그렇게 수준이 높다고는 생각이 들지 않아서 연극학과 디트리히 교수한테 가서 그랬지.

내가 이런 것에 대해서 당신한테서 교수자격Habilitation(줄여서 Habil이라함) 논문Schrift을 쓰면 어떻겠느냐고 했더니, 나한테 하라고 그래. 하라고 그러는데 나중에 내가 일본학과 어시스턴트로 있으면서, 거기서 하게 되면 소속 문제가 생겨. 그래서 하여튼 연극학과에서 한다고 하니까 일본학과 쪽에서는 나에 대한 저항이 별로 없어요. 그런데 연극학과에선 동료들이 별로 환영을 안하는 것 같아. 내가 논문을 73년도에 시작해서 79년도에 끝냈습니다.

교수자격 논문을 끝내가지고 내놓으니까 나에 대한 모략이 있었어요.

6년 만에 끝낸 교수자격 논문에 대한 왈가왈부

유재철 연극학과 쪽에서요? 그때 그라이제네거하고 하이더(후일 연극학과 교수들) 다 있었습니까?

이상경 네, 그 사람들 다 있었어요. 그때 내가 돌아가신 스테파넥(후일 연극학과 교수) 하고는 가까이 지냈습니다. 그런데 다른 사람들은 나에 대해서 달갑게 생각하지 않는 것 같아. 그 중에서 누군가 돌아다니면서 내가 잘못되기를 바라는 그런 분위기가 있었습니다. 원래 일본학과와 연극학과는 같은 인문학부Philologische Fakultät에 속해 있다가 인문학부가 정신학문부Geisteswissenschaft와 기초학문부Grundwissenschaft로 분할되면서 일본학과와 연극학과가 서로 다른 학부에 속하니까 내 교수자격 논문 심사위원회에 양쪽 학부에서 14명, 15명 정도 들어와 있었어요. 내가 그 사람들 이름은 대지 않겠습니다만, 다니면서 이상경이 뭐가 어떻고 어떻고 그랬다고 그래요. 난 원래 교수자격 논문을 신청할 때 동서연극의 비교연구로 그 분야를 가르칠 수 있는 자격을 얻고 싶었어요.

유재철 비교연극학이군요.

이상경 그런데 몇 사람은 "서양연극은 안 된다 동양연극만 하게 하라" 그러잖아요. 그렇게 돌아다니면서 심사위원들을 설득시키려고 했던 모양이에요. 그러면서 심사위원도 아닌 중국학과 교수 라드슈데타에게 내 논문을 보냈어요. 라드슈데타는 이전에 카민스키라는 분이 중국에 관한 논문으로 교수자격을 확득하려할 때 카민스키 논문을 샅샅이 조사하여 카민스키가 남의 논문을 베껴 썼다고 증명하여 자격을 못 받게 하였지요. 그런데 카민스키는 그 후 다른 곳에 가서 교수자격을 획득했지요. 내가 보기에 첫째 라드슈테타는 카민스키의 정치력이 커서 자기가 있는 중국학과에 오기를 원하지 않은 것 같아. 내가 카민스키의 논문을 읽지 않았기 때문에 어떤지는 몰라도 남의 논문을 그대로 쓴 것을 찾아내서….

유재철 표절을 했군요

이상경 네. 그래서 카민스키가 교수 자격을 취득 못했습니다. 그당시 그런 소문이 금방 돌았습니다. 그런 이유로 라드슈데타한테 내 논문을 보낸 것 같아. 이거 한 번 보라고 말이지. 라드슈데타가 나 보고 그러잖아. 위원회에 들어가 있지도 않은 나한테 당신 논문을 보냈더라고. 그래서 내가 알게 됐지. 그렇게까지 하면서 반대운동을 했어. 하여튼 그 당시만 해도, 교수 자격 논문 심사가 조금 쉬워진 것은, 옛날에는 연극학과에서 교수자격 취득을 하려면 심사 때 전 세계연극에 대해서 묻는단 말이지. 요새는 그렇게 못하게 돼 있잖아요. 제출한 논문에 대해서만 묻게 돼있어요. 박사학위도 제출한 논문에 대해서만 묻습니다. 심사 때 연극학과 디트리히 교수의 질문이 까다로워, 한 질문에 대해서 내가 이해를 잘 못했습니다만, 일본학 교수가 질문하는 것은 쉽게 대답한 것 같습니다. 이 얘기는 나중에 다시 얘기하겠습니다. 하빌 논문 때문에 내가 일본 가 있을 때 한국 사람들은 보통 실제경험Praktikum은 생각하지 않고 이름(학교 Title)을 더 중요시하잖아요. 예를 들어서 일본에 유학을 가면 동경대학에만 들어가려고 그러지 실제 면에 있어서의 지식을 얻기보다는 이름을 더 중요시하는 그런 경향이 있는 것 같아. 나는 동경대학, 그런 생각을 하진 않았어요. 생각하지 않고 내가 가 있던 곳은 국립극장이었어요. 국립극장에 가게 된 것이 마츠다라고 일본 동경대학 경제학 교수를 하던 분인데. 쾰른에 있는 일본 문화연구소에 공사로 와 있었어요. 특명공사로 와 있었는데 이 양반이 우리 연구소에 자주 와서 좀 알게 됐어요. 74년인가 내가 일본 외무성 소속, 일본교류기금에서 연구비를 받고 일본에 8개월 가 있었는데 그때 이 양반이 독일에서 일본에 돌아왔습니다. 그래서 내가 이 양반한테 부탁을 했지. 내가 아는 사람도 없고 그러니까 당신이 나를 도와줄 수 있는가 그랬더니 이 양반의 조카가 국립극장의 부장으로 있었습니다. 그 사람한테 어떻게 부탁을 했는지는 몰라도 그때부터 이 분이 내가 할 일을 주선을 해주고.

일본 연극(노와 가부키)의 실제 체험

유재철 일본말로 하셨습니까? 아니면…

이상경 물론 일본말로 해야지.

유재철 일본어 안 잊어버리셨어요?

이상경 안 그래요. 잊어버렸으면 일본학과에 못 들어갔어요. 근데 이 양반이 왜 나를 도왔는가 했더니 옛날에 일제시대에 조선은행이 있었잖아요? 지금은 한국은행인데 거기서 일을 했대요. 거기서 일을 했는데 자기는 그런 것을 다른 사람들한테는 이야기를 안하고 나한테만 애기를 하는데, 자기가 옛날 총독부 시대에 서울에 가 있었다고 하더라구요.

유재철 그럼 그 때는 젊었을 때.?

이상경 젊었지. 서울에 가 있었다고 그러면서 나를 적극적으로 도와줘. 그런데 이런 사람들을 가만히 보니까 이상한 것이 일본에 있던 사람들보다 한국에 가서 살다가 돌아온 사람들이 훨씬 한국에 대해서 관심을 많이 가지고 있고 한국을 도우려고 그래. 그런 사람들이 많아. 옛날에 그렇게 좋지는 않았겠지만 그래도 유대관계가 맺어졌는지 더 관심들을 가져 주대. 그래서 자기 조카한테 부탁을 해서 그 조카가 국립극장에 있는 사람 통해가지고 이것 저것 배우게도 하고 또 내가 거기에 있으면서 인터뷰할 사람들도 다 소개해주고 또 배우한테 부탁해서 내가 거기서 연기도 조금 배웠잖아. 노래도 배우고.

유재철 잠깐만요 박사님. 국립극장이 노 전용 극장은 아니죠?

이상경 국립극장은 가부키 전용입니다. 또 노 극장이 따로 생겼습니다.

유재철 그니까 국립극장 안에 노, 가부키 극장이 따로 있군요?

이상경 네, 따로 있어요. 따로 있는데 그 사람 있는 곳은 가부키 중심인데. 내가 노하고 가부키하고 가르지 않고 다루었습니다. 극장에서 연수생, 그러니까 배우는 학생들. 배우가 되려는 사람들하고 같이 내가 있었어. 나도 직접 좀 해보고 싶었는데 그건 시키지 않데.

유재철 근데 노하고 가부키하고 배우들이 다르죠?

이상경 달라.

유재철 전혀 다르죠? 배우는 것부터가 다르구요?

이상경 다 달라. 다 다른데 나는 구별하지 않고 가부키는 가부키대로 배우고 노는 노대로 배우고. 이왕 갔으니까. 노 연기자들도 각기 소속이 달라. 노가 다섯 파가 있는데 간제가 제일 정통파라 볼 수 있고 공고가 더 오래 됐지만 제일 잘 알려져 있어요.

유재철 어쨌든 노가 먼저잖아요. 근데 거기에 분라쿠라고 있지 않습니까? 분라쿠.

이상경 부가쿠.

유재철 부가쿠인가? 인형극.

이상경 아 분라쿠.

유재철 분라쿠 그거는 가부키 다음에 나온 겁니까?

이상경 아니, 인형극이 더 오래됐는데 그거는 한국의 꼭두각시 놀음하고도 관계가 있습니다. 옛날에는 한국의 꼭두각시 놀음에서와 같이 막대기에 탈을 씌운 인형을 쓰다가 그것이 개발이 되어서 지금은 인형을 놀리는 사람이 직접 무대에 올라 인형을 놀리는 인형극이 됐거든. 인형극을 구구즈라고 부르던 시대에는 나무막대기에 인형을 씌워 막 뒤에서 인형을 막 위로 올렸다 내렸다 했죠. 옛날에 그렇게 하다가 더 발달이 되자 막을 없애버리고 여러 연기자들이 크고 작은 인형을 들고 이따금 동시에 등장하여 인형을 놀리는 거죠. 드라마 내용은 대개가 가부키 희곡하고 비슷합니다 그런데 가부키 드라마 내용은 노 희곡을 가부키화한 것이 많아요. 노하고 같습니다. 노는 완전히 다르고. 다른데 가부키의 드라마가 다 노의 드라마 대개 노에 있는 내용들을 가부키화 시킨 거예요.

유재철 그게 얼마 정도의 시간 텀(간격)이 되나요? 그러니까 노와 가부키의 사이의 시간이. 노에서 많이 가져가서 가부키가 만들어진…

이상경 아니 아니. 그렇진 않아요. 노라는 것은 옛날 봉건시대 14세기에 발생한 무과출신 귀족들의 가면극입니다. 귀족들의 연극으로 발달하면서 귀족들의 보호를 받았습니다.

유재철 막부시대 말씀하시는 거죠?

이상경 네. 바쿠후 시대. 그랬는데 가부키는 17세기 후에 오사카를 중심으로 그 근방을 중심으로 개발된 상인들의, 일반인들의 연극입니다. 연극으로서 오사카에서 개발을 해서 나중에 상인들의 후원을 많이 받았어요. 경제적으로 노극은 귀족들의 지원을 받고 가부키는 상인들이 지원하고. 그렇게 개발을 했는데 그것도 생각의 차이가… 그러니까 연기의 형식에서도 나타납니다. 가부키는 더 민중화했다고 할까.

유재철 더 어떤 재미 같은 것도 첨가시키고.

한국과 일본이 근본적으로 다른 점

이상경 네. 노는 양식화 돼있고. 가부키 쪽은 더 민중화 돼있는 그런 감이 있습니다. 근데 내가 느끼는 것은, 일본하고 우리하고 다른 것은 우리는 뭘 하너라도 박력으로 박 밀고 나가잖아요? 처음부터 시작해서. 지난번에 통영 오광대 연기 때도 느꼈습니다만, 이렇게 치고 나가면 끝까지 나가버린단 말이야. 그렇기 때문에 한국 사람들은 실수를 많이 하게 돼죠. 너무 급하게 서둘러가지고. 학자들도. 이번 삼성전자 건도 마찬가지지.

유재철 정서가 다른 것 같아요.

이상경 네, 달라요. 한국 학자들도. 학문도 그래. 심각하지가 않아요. 근데 박력으로 막 밀어나가는 것은 좋은데 실수가 많아. 따지고 시간들여서 또 따져가지고 그것을 잘 정리해야 하는데 너무 속력을 내. 박력만 가지고 그냥 밀고 나가서 끝을 맺고 나면 결함이 많아. 일본은 그렇지 않거든. 일본이 그렇지 않은 것은…

유재철 근데 그게 국민 정서 아니에요? 정서인데 그게 어떤 뭐 교육하고도 관계 있겠죠.

이상경 근데 일본문화는 한국 사람들이 생각하기에는, 아 그거 전부 한국에서 가지고 가 한국문화가 일본문화가 되었다고 그러는데. 물론 대륙문화의 영향을 많이 받기는 해도, 그것이 대륙문화가 일본화 돼있다고 볼 수는 없을 것 같아. 근데 일본의 힘이라는 것은 내가 볼 때는 그 사람들이 박력을 내가지고 서둘러서 나가는 것이 아니고 차근차근 나가다가 중단을 합니다. 중단을 한다는 말은 내가 여태까지 한 것이 옳은지 아닌지 생각 할 수 있는 여유를 가진다는 것이거든.

유재철 1단계 정리하고 다음 2단계로 넘어간다.?

이상경 그게 '마'. 마거든. 일본에 그런 개념이 있습니다. 마라는 것은 중간-시간,짬. 중간에 스톱하는데 스톱이 완전히 스톱이 아니라 그냥 지나가는 스톱.

유재철 진행되는 스톱 뭐 그런 건가요?

이상경 그게 마입니다. 일본의 마. '마간'이라고 그러잖아요. 간, 이렇게 한자로 간間이라고 쓰는데.

유재철 '사이 간'자.

이상경 네. 그것이 마거든? 마인데. 일본문화는 마의 문화입니다. 동양문화에는 중국, 일본, 한국에 다 마가 있습니다. 있는데 이것이 한국, 중국은 약한데 회화에도 마가 들어있어요. 동양그림에도. 들어있는데 일본같이 그렇게 강하지가 않습니다. 일본은 완전히 문화 속에 들어가 있어요. 마라는 것이. 시도 그렇고. 생활 면에 있어서도. 일본의 가옥들도 그렇고. 가옥들 예를 들어서, 일본 가옥들은 전체가 떨어져있지 안잖아요. 붙어있는데 붙어있다고 해서 완전히 그렇게 붙어있는 것이 아니고 이것이 막힌 면이 또 있거든? 이 막힌 면이 마 역할을 한다고. 또 시도 그렇고. 일본 고전극 노, 가부키에서도 이런 현상을 볼 수 있어요.

유재철 소설을 보면 지금 말씀하시는 것처럼 왜 이걸 이렇게 썼을까, 이렇게 넘어간 부분이 있었거든요. 나중에(깨달아서), 아! 어떤 텀을 두는 거죠, 말하자면. 아까 말씀하셨던 것처럼 '마'가 그런 게 아닌지요.

이상경 그래서 이제 일본 하이쿠俳句만 하더라도 17 실러블(철자) 3 시행으로 구성되어 있잖아요. 한 시행마다 끝에 마가 들어있어요. ふるいけや かえるとびこむ みずのをと. 古池や 蛙飛こむ 水のをと(후루이케야 카에르토비코무 미즈노 오토) 후루 이케야. 옛날 못. 첫 시행 끝에 마가 들어 간거야. 개구리가 못에 퐁당 뛰어든다. 거기 또 마가하나. 그림이잖아. 미즈노오토. 그 개구리가 풍덩 뛰어들었는데 하나로 끝났지만 소리가 들린단 말이야. 그게 멋지잖아요. 하이

쿠도 그런 면이.

유재철 가부키도 봤고 노도 봤는데 노에서도 그런 게, 아까 말씀하신 그런 거죠. 어느 순간에 움직이지 않고 멈춤. 사이.

이상경 가부키에서는 '미에' 포즈가 그래요. 이렇게 연기를 하다가 중간에 움직임이 탁 멈춰지잖아요. 한 순간 멈춰있다가 다른 동작으로 옮겨가잖아. 그림과 같은 장면 입니다. 근데 일본 사람들의 식생활에 있어서도 이런 점이 있기 때문에 일본 학문이라는 것이 우리 것에 비해서 훨씬 더 정확성이 있지 않을까.

유재철 그렇게 보면 더 깊이가 있다고 말할 수 있겠죠.

이상경 그런데 일본에서 학회가 있었습니다. 빈 대학 일본학과하고 일본 명치대학하고 학회가 있었는데 질문이 들어오데. 일본의 힘이 어디에 있는 것 같이 보이냐? 그래서 나는 일본의 힘은 마에 있다고 했지. 그렇게 대답한 적이 있습니다.

유재철 다른 말로 여유라고도 할 수 있을까요?

이상경 여유하고는 달라. 여유라는 것은 어떤 행사하고 관계 없이도 여유를 가질 수 있는데

유재철 관계가 있으면서 잠시 멈춰서.

이상경 멈추는데 이것이 멈춤이 아니고 진행이거든. 그게 달라.

유재철 진행형 멈춤. 뭐 이렇게 볼 수가 있네요.

이상경 네.

유재철 아니면 지나온 것을 반추해보고.

이상경 그것을 여기 말로 뭐라 그러는가.

유재철 reflect?

이상경 아니 reflection 하고는 다르지.

유재철 독일어에요?

이상경 네. 내가 잊어버렸다, 그 말을. 슈틸 할튼Stilhalten… 아니, 그게 아니라 다른 말이 있는데. 인네할텐Innehalten(내부에서 멈추다).

15.
교수 자격 획득 및 한국학과의 초석 마련

유재철 교수자격 논문심사는 어떻게 진행되었었나요?

이상경 79년에 논문을 마치고, 80년에 교수자격 논문 심사회를 가졌습니다.

유재철 심사위원장은 누구였습니까?

이상경 장이 그때 누구였었는지…

유재철 디트리히 교수님 아니었군요?

이상경 아니 그런데 주심을 디트리히하고 린하드, 두 사람이 맡고 다른 사람들은 심사위원으로 읽고 열 네 명이….

유재철 그래서 거기에 있는 위원들은 다 투표권이 있습니까?

이상경 있지. 반대하면… 문제가 있으면 안 되지.

유재철 만장일치가 되어야 하는 것이군요?

이상경 그렇지. 그렇게 끝났는데, 내 소속이 또 문제가 됐지. 도첸트로서 연극학과에서 교수 자격을 땄으니 연극학과는 당연하지만 일본학과 쪽에 문제가 되잖아. 내가 앉아있는 방은 일본학과인데 교수자격을 다른데 가서 땄으니까, 근데 내가 나중에 보니깐 일본학과 측에서는 내가 그렇게 하는 것을 자기네들은 환영을 했던 것 같아. 근데 교육부에서 대학에 문의 편지가 오기를 이 사람이 연극학과 쪽에서 교수자격을 받았지만 일본 연극에 관한 논문으로 하빌Habil을 했으니 일본학과 소속으로도 발령을 내변 어떻겠는가? 하는 편지가 왔는데 한 친구의 모략이 들어갔어. 그리고 무슨 말을 들었는지 일본학과 과장인 린하드도 별로 달가워하지 않는 것같아. 소속심사 회의 때 중국학 교수 라드슈테타가 나의 일본학과 소속을 반대를 했어. 그 소식을 듣고 직접 라드슈테타에게 전하를 했지 말하기를, "내 귀에 그런 말이 들어와서 내가 전화를 하는데 나는 당신하고 친구같이 생각하는데 당신이 반대를 하느냐" 고 그랬더니 하는 말이 일본학과 쪽에 어느 친구가 와서 자기한테 요렇게 조렇게 여러 가지 말을 하더래. 그래서 자기가 그런 말을 했다고 하는데 다시 학부에 신청서를 내면 되지 않느냐 그래서 신청서를 학부에 내가지고 그냥 일본학과 소속으로 만들어 버렸지.

유재철 그러니깐 일본학과 도첸트Dozent가 되신 거군요.

이상경 일본학과하고 연극학 양쪽의

이상경 도첸트인데, 내가 가만히 생각해보니깐 아직 한국학 이야기는 안 한 것 같습니다. 나는 여태까지 문학을 했고 내가 한국에서 꿈을 꾸던 것이 제일 되고 싶은 것이 비교문학 교수야. (하하하) 그 때까지는 내가 교수자격 논문을 쓸 때까지는 비교문학과가 빈 대학에 없었습니다. 처음으로 만들어진게 79년인가 됐을 거야.

1980년 교수자격 시험 통과 후 연구실에서

유재철 비교문학은 그러면 독문학과 속에 들어갑니까? 어디 들어갑니까?

이상경 따로 있지. 정신학부에 속하면서 학과도 따로 있어. 79년도부터 독립된 학과가 생겼습니다. 인스부르크 대학에는 벌써 오래전부터 있었습니다. 그래서 내가 이태리 사람이며 비교문학 교수인 드말티노 한테 가서 이야기를 했어. 실은 그 사람이 내 교수자격 논문 심사위원이었거든. 그래서 나를 알아. 그래서 내가 그 교수와 상의를 했지. 내가 논문도 이런걸 쓰고 했으니 비교문학과에서 일을 할 수 없겠습니까? 당신 연구소에 A.o.프로페서Ausserordentlicher Professor(부교수)로 가면 어떻겠냐고 그랬거든. 그랬더니 좋다고, 하라 그래. 그래서 내가 신청서를 냈지. 내고 나서 일본학과 과장 린하드씨한테 이야기를 했지. 했더니 과장이 드말티노하고 전화 통화를 했던 모양이야. 드말티노가 나한테 한 말이 있는데 갑자기 반대운동이 일어났어. 반대운동이 일어나서 나를 비방하고 자기가 그런 말을 하지도 않았는데 신청서를 내고 말이지. 그랬다는 걸 학부 교수들한테 편지를 냈잖아. 그래 나중에 알아보니깐 비교문학과의 어느 어시스턴트가 드말티노한테 가서 반대를 했던 모양이야. 드말티노는 양쪽 교수직을 가지고 있거든. 빈 대학하고…

본격적으로 빈 대학 한국학과 설립 초석 작업을 하다.

유재철 밀라노?

이상경 밀라노의 가톨릭 대학에도 교수직을 갖고 있으니깐 어시스턴트하고 잘 지내야 돼. 그래서 자기는 그런 소리를 하지 않았다고 그러잖아, 그때 린하드가 그 사람하고 이야기 안 했으면 내가 거짓말쟁이가 될 뻔했어요. 그래가지고 옥신각신하다가 그 사람이 원하지 않으면 어떻게 할 길이 없잖아? 그래서 내가 못 가고 그만두고 그전에 내가 교수자격 얻기 전에… 아 얻고 나서다.

내가 81년도에 문교부 임명장을 받고 양쪽 학과의 도첸트로서 내가 81년 그때부터 적극적으로 빈대학에 한국학과 설치를 시도해 보려고 했거든. 그런데 내가 한국학과의 교수가 되려고 한 것은 아닙니다. 교수 자격도 따고 했으니까 거기는 신경 쓸 필요가 없고 한국학 쪽에 신경을 돌렸는데… 84년인가 85년에 장병규라는 친구가, 그 친구는 고등학교 같은 반에 있던 친구인데, 그 당시에 문교부 차관이 됐어요. 그래서 내가 서울에 가서 만났습니다.

서울사람인데 어떻게 6·25사변 때 내려와서 우리 반에 들어왔어요. 중앙고등학교 다니다 내려와서 우리 반에 들어왔는데 그 사람이 차관이 됐어요. 만나서 내가 빈 대학에 한국학과를 설립하려 하는데 좀 도와달라고 그랬지. 그랬더니 하는 말이 얼마 필요하냐고 그래. 아무 말도 안하고 있으니깐 1년에 5만 불, 6만 불 들어가면 뭐가 되겠는가? 물었어요. 근데 내가 가만히 생각해보니깐 그렇게 많은 돈을 쓸 데가 없단 말이지.

그래서 현재로서는 그렇게 많이 필요는 없고 1년에 한 3만 불쯤 도와주면 내가 한국학과를 장차 만들 수 있을 것 같다. 그래서 내가 그때부터 시작을 했습니다.

그래 가지고 처음 시작한 것이 시간을 늘렸지. 그 당시에 4시간인가 6시간인가 있었는데 6시간 더 늘리는 작업이었지. 한국어 초급반은 시간을 늘리고 한국어 중급반은 내가 맡고 한국어 초급반은 다른 사람한테 줬잖아.

하다가 가만히 생각하니깐 그때만 해도 학생이 별로 없어 진짜. 한국에 관심이 있는 사람들도 별로 없고 이따금 오는 사람은 말을 배울만한 능력이 없는 것 같아. 힘도 안 나고 한국학 하기가 힘들더라고. 한국학을 전부 빈 대학에서 할 형편도 못되고 그래서 내가 생각하기에는 현재는 이렇지만 나라 국력이 자라게 되면 좀 달라지지 않을까 해서 내가 강사진을 늘리는 데 주력을 기울였지.

처음에는 한국 돈 가지고 시간을 늘려가며 몇년 끌고 나갔잖아. 그렇게 몇 학기 하다가 학부장에게 신청을 하거든, 신청해서 오케이 그러면 오스트리아 돈이 나오게 되잖아.

그런 식으로 자꾸 늘려나갔어요. 나중에 90년대 들어와서는 그렇게 하여 수업시간이 한 20 시간으로 불어났어요. 직원도 많이 늘어나고 강사 네 사람 비서 한사람, 도서관 사서, 초빙교수 모두 일곱 사람이 한국학부에 종사하게 되었습니다.

유재철 그러면 한국학과는 일본학과 속에 들어간 거죠? 한국어 교육.

이상경 네 한국 부서로. 교육부에서도…

유재철 한국에서 지원은 계속 받으셨습니까?

이상경 계속 받았지. 그리고 나중에는 교육부의 지원이 아니고 한국국제교류재단의 지원을 받았습니다. 외무부 소속이고 코리아 파운데이션Korea Foundation이라는 데가 있어요. 거기에다 신청을 했는데 그것도 아는 사람 없으면 받기 어렵습니다.

옛날에, 아시다시피 박정희 시대 그 후에도 그렇고 노태우까지 옛날에 TK란 말이 있잖아. 대구사람들이 주로 정권을 많이 잡고 있었거든. 그 중에 내 친구들이 많아. 그럼 그 친구들 통해 가지고 지원을 받게 되는 거지. 코리아 파운데이션에서도 간접적으로 아는 사람들이 있으니까 받게 되고, 내가 한국학 하게 되면서 자꾸 그런 일만 하니깐… 청와대에도 들어가고 또 여러 가지… 그렇게 해가지고 나중에 내가 퇴직 직전에 독립된 한국학부를 만들게 되고 지금은 한국학이 일본학, 중국학과 동등한 자격으로 동아시아학과의 일부가 되었습니다.

16.
빈대학에
한국학과 탄생

유재철 일본학과에서 완전히 독립된 게 몇 년이죠?

이상경 그것이 내가 그만두고 그 다음 해(2000년)에 독립된 한국학이 생기고 교수초빙이 있었는데, 그러니까 내가 거의 다 만들어 놓은 거지. 또 작업도 많이 했습니다. 내가 88년도 프로페서(교수)란 칭호를 받긴 받았지만 힘은 없지. 90년도에 들어가서는 내가 연극학과하고 문제가 좀 있었습니다. 근데 이 동료들이 처음부터 교수자격을 받고 나서도 누구라고 말을 하면 안 되는데 내가 비교연극학으로 하빌Habil을 했으면 그 분야는 내가 다 해도 되는데, 내 프로세미나 안내서에 무슨 말을 적어 놨냐면, 세미나에 참여 할 수 있는 사람은 일본 말을 할 줄 아는 사람이어야 된다는 거야. 다른 사람들은 대상이 안 되는 거지. 그래서 내가 그랬잖아… 그 담당자(크라이스위젠베르그)한테 물어봤더니 누군가 와가지고 그런 소리를 해서 자기가 적었다고 말이자. 어시스텐트 한 사람이 와서 자기보고 적으라 해서 자기가 적었다고 그런 말하잖아. 그래서 내가 알았지 누군지. 알긴 알아도 말 해봐야 소용없고 그래서 문교부에 가서 이야기를 해서 문교부에 내가 옛날부터 좀 아는 사람이 있어서 이야기를 했더니 그거 안 된다고 그랬습니다. 그래서 학부위원회에서 나를 부르고 연극학과 교수 그라이제내거 부르고 학장 부르고, 거기서 문교부 담당관 그렇게 해서는 안된다 그러니 그라이제네거도 어떻게 할 수 없잖아. 꼼작 못하지. 그래서 그 문제는 해결이 되긴 됐지만 자꾸 그런 일이 생기는 거야. 그리고 90년대에 들어가서는 나는 노장이잖아, 오래 된 사람인데, 내 강의시간을 뺏어버리잖아 대가 없이 공짜로 하라는 거지. 그래서 한 학기를 하고는 여교수 하이더한테 내가 이야기는 했습니다만 해봐야 무슨 소용이 있어요. 이러고 저러고 변명만 늘어 놓대. 그래서 계속 하고 싶은 생각도 없어서 연극학과에선 손떼고 그때부터는 한국학에만 신경을 썼습니다.

1992년 한오수교 100주년 기념행사의 이모저모

이상경 92년도에 한오조약 100주년 기념행사, 그것을 내가 주최를 했지. 기념논문집까지 나와 있습니다만, 수최를 하는데 애가 많았습니다. 그 당시에 이장춘이라는 대사가 빈에 재직 중이었는데 마산사람이고 내 대학 후배입니다. 그런데 좀 이해하기 어려운 사람이에요, 자기한테 이야기하기 전에 한국에 가서 문화부장관하고 만나서 내가 얘기했더니 그 행사를 지원해 줄 테니 하라고 하더라고. 그래서 행사 지원서를 작성하여 문화부에 올려 달라했는데 올려주지를 않잖아. 문화부 국장이 몇 번 전화해도 안올려줘. 내가 만나자고 해도 안 만나. 안 만나고 공사하고만 이야기하라고 하지…

유재철 공사는 안전기획부 뭐 이런 사람들 아닙니까? 국정원 뭐 이런…

이상경 아니야. 외교 뭐… 이름이 뭐지? 그 사람이 몇 년 전에 여기 대사 했어요. 근데 그 사람한테 얘기를 하라 하는데 대사가 안 하려고 하는데 자기가 어떻게 해볼 수가 없잖아. 그래서 뭐 말도 안 하고 가만뒀지. 아주 나쁜 인간이라. 그때 그 이장춘이 한인회하고도 싸우고 한오협회하고도 싸우고 그 무관하고도 싸워서 무관이 쫓겨났잖아.

유재철 무관이 쫓겨났어요?

이상경 무관이 쫓겨났지. 못됐어. 아주 못 된 인간인데 내가 그 후에 청와대에 들어가도 그런 이야기는 안 했습니다. 지난 이야기고 또 다른 중요한 이야기가 있으니까 이야기 안 했는데 나중에 한국에 소환이 되어서 대기대사로 오래있었지 부임을 못 받고.

유재철 회사로 말하면 대기발령 뭐 이런…

이상경 예 예, 있다가 나중에 필리핀대사로 발령 받았던 것 같아. 그래도 얘기는 안 했습니다. 노태우씨 대통령 할 때입니다. 내가 청와대에 한번 들어가긴 들어갔는데 나중에 얘기 들어보니까 나중에 한인회에서도 그 사람에 대한 이야기를 청와대에 보고했다는 소리가 들렸지.

작가 이청준 소설, 번역사업 착수

이상경 그 후에 내가 90년대 중반, 그러니까 내가 연극학과 그만두고 내가 있는 동안에 한국에 공헌을 할 수 있는 길이 있을까 해서 생각한 것이 번역 사업이었지. 번역 사업을 시작해서 누구를 선정했냐 하면 임종대씨라고 아세요? 독문학 공부한 사람. 서울대… 이제 퇴직했지. 그 사람한테 내가 물어봤더니 자기하고 같이 공부한 독문과 출신으로서 좋은 작가가 있다고 하는데 이청준이라고. 이 사람 작품을 해보라고 책을 잔뜩 보냈어. 그 책 중에서 비화밀교란 단편집이 있어, 여러 단편을 합쳐놓은. 장편을 하려니까 끝날지 안 끝날지도 모르고 어려울 것 같아서 단편으로 시작을 했지. 학생들하고 같이 시작해서 단편집을 하나 번역을 끝냈는데 출판을 하려니 할 길이 없잖아, 몇 곳에 알아봤더니 내용은 좋은데 형식(Style)이 좋지 않다고 해서 돌려받아 다시 고쳐 잘쯔부룩에 있는 레지덴트 출판사에 물어보니까 관심있다고 해서 작품을 보냈더니 오케이! 작품을 출판하겠다고 하더라고. 그래서 낼 수 있게 되었습니다. 그 후에 또 다른 단편집을 번역을 했더니 문장이 어려워. 그래서 이청준씨에게 더 쉬운 게 없을까 물었더니 동화집 심청전, 놀부전, 토끼전을 모델로 창작한 것을 보내줘서 그걸 번역해서 2000년도 2002년도에 흥부하고 심청하고 토끼전을 출판했습니다.

퇴임 후 수많은 일본대학에서 강의

이상경 그리고 1999년도에는 일본에 신청을 해서 일본에서 초빙교수 및 연구교수 자리를 받아서 일본에서 한 1년 있으면서 일본 대학에서 조금 가르쳤습니다. 그 전에 내가 90년도부터 일본 여기저기 대학에서 가르쳤어요. 처음에는 지방에서 가르치고 94년엔 일본대학 국제학부에서 가르치고 그 다음에는 여러 대학에서 강연도 많이 했습니다. 한 20번은 한 것 같아. 동경대학에 가서도 하고, 와세다에서도 하고, 중앙대학이니 뭐 히또츠바시 대학, 가나자와 대학, 야마구치대학 등등에서.

유재철 그러면 주로 노와 유럽 연극에 대해서…

이상경 아니, 아니 여러 분야에 걸쳐서, 물론 그건 내 전문 분야이지만, 그 외에 일본주의에 대해서도 이야기하고 가부키에 대해서도 이야기하고 노뿐 만 아니라 내가 쓴 작품들에 대해서 소개를 한 것이지… 그래서 일본에서는 상당히 알려지기도 했지만 어느 정도 인정도 받고 내가 쓴 책 두 권이 일본어로 번역이 되고, 한 권은 일본도서관협회의 추천도서입니다. 추천도서라는 것은 일본에서 출판되는 서적들을 거기에서 심사를 해서 선정을 하는데 일본에서 출판된 학술도서 중에서 한 10~13%만 선정된다고 하더라고. 거기에 선정되었다고…

유재철 제목이 무엇입니까? 하나는 노와 바로크 연극, 다른 건?

이상경 나는 『동아시아와 미국 연극의 만남』이라고 책 이름을 붙였는데 중국 이야기도 하고 그랬는데 번역하는 사람이 『일미연극의 만남』이라고… 이 책은 영어로도 번역 호주 시드니 대학 세계문학 시리즈 3호로도 출판했습니다.

유재철 무슨 연극이요?

이상경 일! 미!

유재철 아 일본하고 미국 연극의 만남.

이상경 예. 나는 『동양과 미국 연극의 만남 그리고 그 연극과 희곡에 있어서』 그렇게 했는데, 일본 사람의 번역은 일본을 더 강조를 했어. 하여튼 일본 학회에서 내 책을 인정하는 것 같아.

17.
일본 여행기

유재철 일본에 계셨을 때의 얘기를 더 해주셨으면 합니다.

이상경 사실 솔직히 말한다면, 하빌 논문의 주제가 일본 연극인데 내가 일본 연극에 대한 지식이 하나도 없었습니다. 내가 연구하기 시작해서 논문을 쓰면서, 강의를 하기는 해야 하는데 내가 아는 것이 없으니까 일본말은 조금 하고, 중국말도 조금 합니다만, 별로 일본에 대한 기본지식이 없었죠. 내가 교편 생활 일년 하고 나서 73년도에 과감한 짓을 했어. 그 말은 여름 방학 때 내가 십 년 만에 처음으로 한국 방문을 했습니다.

방문을 했더니 그 당시만 하더라도 외국에 살던 사람들이 잘 들락날락 하지 않은 시대가 되어서 많은 친척들이 비행장에 내 마중을 하러 나와 기다리고, 외국에서 대단한 손님이 온 것 같은 그런 기분이었습니다. 그렇게 환영을 받고 돌아오니까, 돌아와서 그 다음에 강의를 하기는 해야 하는데, 준비를 못했어요. 그래서 오자마자 준비를 하느라고 신경과민이 되어 온몸에 두드러기가 나고 해서 한 학기동안 정말 고생을 많이 했습니다. 고생을 많이 하고, 그 다음 해에 내가 또 일본 연극 경험이 없기 때문에 일본의 저팬파운데이션Japan Foundation(일본 교류기금)에 신청을 했습니다. 신청을 했더니, 그 사람들이 잘 봤던지 그것을 인정을 해서 나를 초대를 했습니다. 초대를 했는데, 그 때만 하더라도 연구지원금이 굉장히 높아. 내 월급의 한 다섯 배 정도 되니까 말이지. 여기서도 월급이 그 당시는 그대로 나오고, 지원금 외에 주택비라고 해서 부가적으로 또 주니까 일본 국제 문화회관 이라는 동경 중심지에 있는 일류 호텔 같은 곳에서 살면서 연구를 하는데 일본 사람들의 도움을 많이 받았습니다. 마츠다 교수의 도움으로 국립 극장에 있었던 얘기는 지난 번에 말씀드렸고 몇 가지 일본에 대한 인상과 몇가지 에피소드를 얘기할까 합니다. 마츠다씨가 노무라 기금이라고 하는 곳에서 또 연구 후원금도 받게 해줘서 경제적으로 여유가 생겨 우리 가족을 일본에 오게 했는데 동경시하고 별로 떨어져 있지 않은 하네다 공항에 가서 아무리 기다려도 가족이 나오질 않잖아요. 나오질 않아 '어떻게 되었나"하고 생각을 하고 있는데 제일 마지막에 일본 공항입국 관리원이 짐을 들고 같이 오잖아. 어떻게 됐는가하고 물어봤더니, 그 공항입국 관리원이 우리 집사람 여권을 잘못 보고 오스트렐리아Australia로 생각을 했던 거야. 어디서 왔냐고 자기한테 묻더래. 그래서 오스트리아라고 그랬더니 오스트렐리아는 비자가 없으면 안 된다고, 입국을 못한다고 그래서 못 들어오고 있다가 나중에 자기 주소를 이야기를 했던 모양이야. 비엔나라고 하니까 비

1973년 귀국 환영 인파

엔나냐고 자기가 잘못 알았다며 입국 관리인이 가족들을 데리고 비행장 출구까지 같이 나왔던 그런 경험이 있고, 그때 내가 한국에서 같이 있던 우리 삼촌의 친구입니다만, 나이가 비슷해서 내 친구와도 같은 사람인데, 그 때 6·25사변 때 일본으로 넘어갔어. 그 사람은 군대 잠깐 갔다가 어떻게 빠져 나와서 일본으로 넘어 갔는데, 자기 형님이 거기에 살고 있어서 형님 집에 가서 건축 일을 같이 하다가 그 회사를 맡아서 큰 부자가 됐어요. 한국 사람이 많이 살고 있는 나고야에서 조금 떨어져 있는 요까이찌시이라는 곳에서 아주 잘 살고 있습니다. 그분한테 연락을 했더니 내가 교토에 갔을 때, 그 분이 날 찾아와 자기 집 근방에 있는 큰 높은 산에, 황실에 있는 사람들도 자주 온다고 하는 곳에 데려 갔습니다. 가서 보니까 참 일본이 부러운 것이 한국만 하더라도 우리 시대는 나무가 없어 산이 빨갰잖아요. 참 부러운 것이, 푸른 숲이 끝이 없이 모든 것이 푸르잖아. 일본이, 이것이 정말 일본의 부유함을 말을 해주는구나, 하는 그런 생각이 듭디다. 거기에 있다가 내가 여기 빈에서 알게 된 사람인데, 야마모토라는 사람, 호세이대학이라고 있습니다, 일본에, 법정 대학. 거기에 교수로 있는 사람인데, 나중에 법정 대학의 이사장을 하던 사람입니다. 근데 이 분하고 내가 참 친했습니다. 여기 있을 때부터. 그 사람은 한국사람을 별로좋아하지 않아. 근데 나 때문에 어떻게 조금 달라지긴 했습니다만, 나하고는 상당히 친한 처지에서 자기 대학의 숙소, 동경에 있는 숙소가 아니고, 동경 근처에 하꼬네라고 하는 관광지가있습니다. 하꼬네라는 곳은 후지산 바로 밑에 있는 온천지대입니다. 온천지대라서 거기에 가게 되면 부근이 유황냄새 밖에 나지 않아요. 근데 그 호세이 대학(법정대학)이 그곳에 대학에 찾아온 손님을 위해 별장을 소유하고 있습니다. 그 별장에 온천물이 들어와 있고 맨 동네가 유황냄새 가득한 그런 동네입니다. 거기에 며칠 유숙하다가 그 분 소개로 닉꼬라는 데가 있습니다마는 닉꼬라는 곳은 동경에서 기차로 한 시간쯤 떨어져 있는 곳인데, 거기는 도쿠가와 그러니까 덕천, 도투가와 바쿠후(막부), 1603년도부터 1868년까지 도쿠가와 집안이 정권을 잡고 있지 않았습니까?

거기에 대신사를 지었습니다. 아주 화려한 궁입니다. 우리 건축 양식하고는 다른 정말 일본적인 궁전입니다. 그 궁전에 뭐가 유명하냐면 거기에 세 마리의 원숭이 상이 있는데, 원숭이들이 인간의

▲ 쥬젠지 호수: 토치기 도, 닛코 시에 위치한 해발 1236 미터의 호수
◀ 오사카에 있는 (도쿠가와 성을 본뜬) 성

약점을 상징하고 있습니다. 눈을 가리고, 입을 막고, 귀를 막습니다. 그 말은 인간이 너무 자기 생각대로 말을 하지 마라, 눈은 아무거나 다 보는 것이 아니다, 귀도 아무 말이나 듣지 마라. 인간이 지킬 세 교훈입니다. 그것이 유명한 도쇼구라는 궁전인데 내 가 왜 그 이야기를 하냐면, 거기에서 멀지 않은 곳에 쥬젠지라는 큰 호수가 있어요.

한 시간쯤 떨어진 곳에 주젠지라는 큰 호수가 있는데, 그 호숫가에는 20세기 초에 캐나다에서 소나무를 들여와서 그 주변에 캐나다 소나무를 심었는데, 그 소나무가 그 호수에 아마 잘 맞았던 모양입니다. 아주 잘 자라요. 그보다 더 의의가 있는 것은 프랑스 대사관에서 거기에다가 별장을 지었습니다. 별장을 지었는데, 폴 클로델Paul Claudel이라는 유명한 시인이 일본주재 프랑스 대사로 활약하고 있었습니다. 대사로 있으면서 일본에 대한 작품을 많이 썼습니다.

그 사람이 일본에 대해서 많이 쓰고, 일본을 열정적으로 찬미하는 사람이었습니다. 일본 찬미자로 그 별장에 가서 많은 세월을 보냈습니다. 그 사실을 알기 때문에 쥬센지에 갔을 때 일부러 프랑스 대사관 별장까지 가봤습니다. 과연 자연으로부터 많은 감명을 받을 수 있지 않았을까 하는 그런 느낌이 왔습니다.

그 호수 하늘 색 맑은 물에다가 한없이 푸른 여름의 그런 풍경에서 오는 일본적인 풍취, 이 사람에게 얼마나 큰 영향을 주어서 그런 작품을 쓸 수 있었을까, 하는 그런 생각이 듭디다. 근데 그 사람도 동경에서는 참혹한 지진도 경험했어요. 호수가에서 많은 감명을 받고 자기 작품에 반영하여 문학 작품화한 그런 곳입니다. 쥬젠지. 근데, 그곳에 우리가 일부러 간 것이 아니라 그 근방에 호세이 대학이 소유하고 있는 숙소가 있습니다.

가족이 숙소에 머물게 됐는데, 우리 집사람이 밖에 가서 세탁물을 널려고 하는데, 땅이 움직이기 시작하잖아요. 움직이기 시작하는데, 나중에 알고 봤더니 5도의 지진였데요. 5도라도 창문도 흔들리고 전부 흔들려. 나무집이니까, 전부 흔들흔들해. 그후 동경 숙소에 돌아왔는데 호텔 마루가 움직이고 있거든. 그래서 직원한테 물어보니까 왜 이렇게 땅이 항상 움직이고 있느냐고 그러니까 이게 정상이라고 항상 지진이 있으니까 그렇다고 그러대. 그런 경험을 했습니다.

18.
가족 이야기(1)

유재철 박사님, 오늘은요, 결혼하신 후에 사모님하고의 문화적인 차이 그것과 관련해서 결혼 후의 일, 공부하는 것, 자식들의 성장 과정과 문제 등등, 가정생활 전반에 대한 얘기를 해주셨으면 좋겠습니다. 그러니까 빈 대학으로 오실 때 가족도 다 함께 오신겁니까?

이상경 처음에는 다 올라오지를 못하고 내가 포랄베륵Voralberg의 루스테나우Lustenau라고 하는데서 직장생활을 하다가 혼자 빈에 와서 한 학기 있었습니다. 한 학기 있다가 겨울학기 때 가족이 여기로 왔습니다.

유재철 그러면 아들, 딸 그 다음에 사모님 이렇게 셋이…

이상경 아 그때는 벌써 또 71년도에 셋째가 생겼습니다.

유재철 그니러깐 자녀들의 출생 년도가 65년, 67년, 71년, 이렇게 된 거네요.

잠시 주제를 벗어나 외국주재 공관 고위 공무원과 평화통일 자문회에 대한 비판

이상경 네, 거기에 대해서 제가 추가적으로 한 가지 말씀 드리고 싶은 것은 내가 68년도에 학위를 받고 나서 우리 부모님들이 나의 장래에 대해서 무척 걱정을 많이 했습니다. 우리 어머니 친구가 나한테 편지를 한 통 보냈습니다. 그 편지를 독일 본에 있는 우리 대사관 김대사에게 전해 달라 그래서 내가 밤차를 타고 본으로 갔습니다. 그것이 69년 초 같습니다만 아마 1969년도 봄에 있던 대사입니다. 그래서 아침에 한 9시가 되자마자 밤차로 갔으니깐 김대사를 찾아갔습니다. 찾아가서 편지를 보였더니 김대사라는 분이 편지만 읽고 아무런 말도 없이 나를 앉혀놓고 자기 일만 하고 있습니다. 그래서 이상하다 내가 아무리 앉아있어도 아무 회답이 없었습니다. 근데 그 편지에 우리 어머니의 친구가 자기 조카한테 부탁을 하기를 지금 이상경이가 곤란한 처지에 있으니깐 네가 돈을 조금 그 사람한테 주면 한국에서 너희 가족에게 한화로 주겠다. 그러니 조금 사정을 봐달라고 그런 내용을 쓴 것 같습니다. 김 대사란 사람이 멀리서 온 사람에게 아무 코멘트도 하지 않고 앉혀놓고 그냥 일만 하고 있어요. 내가 기가 막혀서 그때만 하더라도 어떻게 이런 사람이 한국을 대표하는 대사직에 앉아있는가, 아무 것도 아니게 보일지라도 자기 민족에 속하는 사람이 어려운 처지에 있는데 그렇게 관심이 없는 그런 사람이 어떻게 대사직에 앉아 있을 수가 있는가? 그런 생각이 들었습니다. 그런데 이 사람을 나중에 내가 90

년도 런던에서 한번 만난 적이 있습니다. 무슨 총통입니까? 통일부 무슨 …

유재철 평화통일 자문위원회요?

이상경 자문위원회가 모임이 있잖아요. 자주 모이는 회의가 있습니다. 아마 넌센스인데 한국에서 돈을 쓸데없이 그런데…

유재철 그게 전두환씨가 만든 거잖아요.

이상경 누가 만든 지 모르겠는데 그런 게 있었습니다. 그 사람이 그때 나와 가지고 자기가 연설을 합니다.

유재철 거기 자문위원회 위원장쯤 되나 보죠.

이상경 아니 거기 런던에서 개최를 했으니까 주영 한국대사니 한국대표로 나와서 이야기를 하는데 내가 웃기만 했습니다. 이 사람 하는 말이 그때만 하더라도 우리나라가 독일하고 비교할 수 있는 그런 경제적이고 사회적인 지위에 있지 못하지 않습니까? 그런데 이 사람이 하는 말이 독일이… 그때는 90년 지났으니깐 독일이 한국통일을 할 수 있는 모델이 될 수 있다. 근데 내가 속으로 어떻게 독일이 모델이 될 수 있는가 그런 생각이 나서 그때 한 마디 한 것 같습니다만 무슨 말을 한지는 아무런 기억이 나지 않습니다만…

유재철 박사님도 그러면 평화통일 자문위원회 위원였어요?

이상경 빈 대사관에서. 나는 위원이 아니었는데 대사관에서 나보고 한 번 가보라고 의뢰가 왔어요. 나는 한번도 자문위원이 된 적이 없습니다. 누가 자문위원인지 때때로 이름만 들었습니다만 어떻게 돌아가는지 나는 모르겠습니다. 누가 선정을 하고 누가 어떻게 하고 내용적으로 어떻게 되어있는지…

유재철 회의를 하긴 하는데 회의한 내용이 한번도 밝혀진 적이 없죠. (하하하) 전 세계에 수백 명이 넘습니다. 자문위원회가 1년에 한 번은 서울에서 개최하잖아요. 전 세계 사람이 전 세계에서 다 오거든요. 근데 뭘 하는지 모르겠어요.

이상경 글쎄 거기 드는 비용이 어떻게…

유재철 엄청나죠.

이상경 나도 런던에 가서 어디 비싼 호텔은 아닙니다만 거기 유숙을 하면서 며칠간 머물렀습니다만, 그렇게 많은 사람들을 불러가지고 그렇게 많은 돈을 이런데다가 쓰고 쓸데없는 소리만 하는 그런 사람들을 불러가지고 연설을 시키고 그럴 필요가 어디 있는가? 그런 생각이 들었습니다. 정말 아까운 돈이다 하는 기분이었습니다. 나중에 이야기를 들어보니깐 또 유럽에 있는 자문위원들을 미국에다가 불러가지고 미국 캘리포니아에 불러가지고 큰 잔치를 벌이고 했다는 그런 이야기도 있습니다. 그러니깐 이런 것을 보게 되면…

유재철 정권 유지를 위한 정치적인 선전이죠.

이상경 너무 마음 아픈 일입니다. 가난한 나라에서 그렇게 큰 비용을 들여 가지고 그런 짓을 하는지… 지금은 아마 안 하는 것으로 생각합니다만 KBS에서도 노래 자랑하는 것을 여러 다른 외국에다가 이따금 개최를 했는데 빈에서도 한번 했습니다. KBS사람들이 한국의 간부인지 유지인지 데리고 오지 않습니까? 데려와서 보통 호텔도 아니고 가장 비싼 호텔에다가 이 사람들 넣어서 자게 합니다. 그래서 내가 그 중에 아는 사람이 한 사람이 있어서 그분들이 투숙하고 있는 호텔에 찾아갔습니다. 내가 그랬습니다. 왜 당신이

아내와 세자녀

이런데 와서 자느냐고. 그런 넌센스가 어디 있는지 모르겠어요. 정말로 아까운 돈이라고… 그런 아까운 돈을 그런 곳에 쓰면서 아무 효과도 없는 짓을 하는 것이 정말 가슴이 아팠습니다.

유재철 이제 비엔나에는 가족들이 다 오고, 그 뒤에 학위 준비하시고, 학과에서 강의하시고, 근데 가족의 어려움은 어떤 것이 있었습니까? 가족 간에 아이들과 사모님하고 그런 가족의 문제들…

다시 가족 얘기로 돌아가서 주거와 아이들의 교육문제

이상경 정말 어려운 시기였습니다. 저희가 빈으로 온 것이 1972년,

내가 여기 온 것이 1972년도 3월에, 가족이 9월 달에 왔습니다만, 와서 살 데가 없어서 처음에는 나쉬마르크트Naschmarkt(비엔나 전통시장) 옆에 옛날에 슈베르트가 산 집이라고 합니다만 어떤 사람들은 슈베르트 이야기만 하면 나도 그런 데서 한 번 살았으면 좋았겠단 그런 말도 합니다만, 슈베르트가 당시에 살던 집이니깐 어떤 상태였는지 아마 짐작할 수 있을 겁니다. 그런 집에서 우리가 한 3,4개월 살다가 나라에서 지은 부복하우스Buwoghaus, 정부에서 공무원들을 위해서 지은 집들입니다. 어떻게 내가 교육부에 조금 아는 사람이 있어가지고 그 분한테 부탁을 해서 8구*에 있는 레르헨가쎄Lerchengasse(거리 이름)에 있는 집에 들어가게 되었습니다. 다른 곳에도 여러 곳을 보기는 했습니다만 지금 우리 집 이 근방 14구에도 부복하우스가 있습니다. 여기도 와봤습니다. 그 당시에 와봤더니 여기는 거리가 너무 멀고 오타크링어 스트라쎄Ottakringerstrasse(거리 이름) 거기도 정부에서 집을 지었습니다만 거기도 거리상 조금 멀리 있고… 환경도 8구보다는 못하고 8구라 그러면 아주 옛날부터 공무원들, 공직에 있는 사람들 그리고 일반적으로 조금 수준이 높은 사람들이 사는 곳이어서 분위기가 그 쪽이 좋은 것 같고, 주택이 우리 가족에게는 방이 3개밖에 없어서 조금 작기는 했지만 그쪽으로 정해서 우리가 72년 12월부터 그 집에 살

* 비엔나는 모두 23개의 구역으로 나뉘어져 있다. 가장 중심지역이 1구고 1구를 중심으로 시계 오른쪽 방향으로 3, 4, 5, 6, 7, 8, 9 구가 있고 외각으로 다시 10, 11, 12, 13, 14, 15, 16, 17, 18, 19, 20 구가 있으며 21,22,23 구는 시내 중심에서 가장 먼 구역이다.

게 되었습니다. 그리고 대학하고도 가까우니깐 매일 아침 대학에 걸어가게 됩니다. 8구의 거리가 아주 묘하게 지금 같은 현대식 도로가 아니고 옛날엔 직선으로 만든 도로들이 아니고 조금 구부러진 거리, 주변에 서있는 집들이 미국 같으면 똑같은 집들이 많이 보이곤 합니다만, 거긴 집집마다 색이 좀 다른 그런 거리라 낭만적인 분위기가 있는 그런 거리를 매일 아침에 일찍 대학에 출근하느라고 지나다녔습니다. 아침에 갈 때마다 좋은 기분을 얻곤 했습니다.

세자녀가 모두 프랑스 학교를 나오다

이상경 우리가 이사 오고 나서 우리 집 큰 애가 학교를 가기를 시작했습니다. 그래서 집에서 가까운 학교에 보냈다가, 내가 아무리 생각해봐도 오스트리아 학교보다는 국제성이 있는 학교에 보내는 것이 차별 대우도 받지 않고 국제적인 생활을 할 수 있는 그런 분위기 속에서 자라날 수 있지 않을까 하는 생각에서 프랑스 학교에 넣었습니다. 교장을 만났더니 조금 늙기는 해도 착한 선생님이 있는 반이 있으니깐 그 분한테 맡겨 보겠다고 그래서, 데니즈 피힐러Denisd Pichier라 하는 아마 오스트리아 사람하고 결혼한 사람 같아. 프랑스 여자인데 그 분한테 맡겼는데 아주 착실히 잘 돌봐주었습니다. 그래서 큰 애가 가게 되고 다음 해에 한 살 차이니깐 둘 째 녀석이 또 가게 되었습니다.

유재철 프랑스 학교에는 학비 같은 게 좀 있었습니까?

이상경 그 이야기를 하려고 합니다. 근데 그 당시에 우리 집사람이 인스부르크에 있을 때는 사범학교의 교사로 나갔습니다만 내가 포랄베르크에 취직을 하고부터는 아이들 때문에 학교에 나갈 수가 없었습니다. 그때 셋째를 낳아가지고 집에만 있는데 포랄베르크에서는 학생들이 애들도 봐주고 할 테니깐 제발 학교에 좀 나와 달라고, 그 당시 교사들이 아수 모자랐어요. 아내와 아이들은 반년 후에 빈으로 왔습니다만 오기 전부터 거기 있으면서 완전히 학교를 그만두고 온 것이 아니고, 여기는 카렌쯔, 한국말로는 뭐라 그러는지 몰라.

이상경 육아휴직이라고 해요.

유재철 네 그런 상태로 계속되었습니다. 빈에 올 때까지 그리고 여기 와서도 그런 식으로 있었지만 무급이죠 그때는 휴직이 오래 되면 무급인데. 가만히 생각해보니깐 나도 취직을 했지, 애들은 학교를 가야 되지. 집안일도 돌봐야 되니깐 자기가 감당을 못할 것 같아서 학교를 일단 그만 뒀습니다. 그만두고 퇴직금을 받아서 그것을 인스부르크에 보내서 조그만 아파트를 샀습니다. 아내는 애들, 집안 일 돌봐야 되지, 내가 논문을 써도 누가 읽어야 되니깐 아내가 읽어야 되잖아. 그래서 하빌슈리프트도 자기가 교정 해야 되고 그런 일을 다 해야 되니깐 정신이 없지. 나만 하더라도 신경질만 자꾸 내고 (하하하), 집에 와도 별로 재미라는 것보다도 너무 부담이 많아서 스트레스 때문에 그렇게 즐거운 시간을 갖지 못했습니다. 나는 나이도 들고 여기 사람들에 비해서 아무래도 외국에서 왔으니깐 많이 불리하잖아요. 나이뿐만 아니라 전제조건이 많이 다르니깐, 여기 취직을 하니깐 한 10년 뒤 떨어진 그런 감이 들었습니다.

조자자 일본학과에서는 일주일에 몇 시간씩 강의를 하셨나요?.

이상경 처음에는 내가 연극학과 2시간하고 거의 8시간을 했습니다. 조교로 3일간 사무실 업무를 봐야 되니깐 업무를 보고, 거기다가 논문도 써야 되니깐 정신이 없었어요. 그래서 일상생활이 즐거운 시기는 아니었습니다. 가정생활이 엉망이에요. 나는 대학에서 오면 짜증만 내고 자기는 너무 부담이 많으니깐 힘도…

유재철 사모님은 사모님대로 박사님은 박사님대로…

이상경 그런 시기였습니다. 그래서 한동안은 토요일, 일요일도 쉬지 못하고, 죽으나 사나 교수자격 취득이 장래를 결정한다는 그런 생각에서 그것만 붙들고 생활을 했습니다. 하다가 아무리 생각해도 아이들이 불쌍해서, 가능한한 일요일엔 시간을 내서, 처음에는 어디로 갔냐하면 서부역Westbahnhof에서 기차를 타고 서쪽 방향에 있는 노이렝바흐Neulengbach*로 애들을 데리고 다녔습니다. 거기만 하더라도 전부 주위가 녹색으로 깔려있지 않습니까? 이야기를 들으니깐 20세기 초에 그 근방의 나무들을 없애려고 했는데 누가 착안을 해서 그것을 유지하도록 만들었다고 합니다. 내 생각 같아선 참 다행한 나라다 그런 생각이 들었습니다.

그러다가 나중에 전차를 타고 오타크링어스트라쎄Ottakringer-strasse(거리 이름) 전차 종점에 내려 버스로 갈아타고 가다 보면 언덕

* 빈에서 서쪽으로 36 Km 떨어진 도시로써 2017년 현재 8308명의 시민이 살고있다. 2000년에 도시로 승격된 비엔나 숲속 안에 있는 신도시다.

▲ 비엔나 숲속에 있는 놀이터

▼ 관망대에서 바라본 비엔나 시 전경

알트 에를라

위에 소방서가 있습니다. 소방서 정류장에서 내려 그 근방에서 놀기도하고 소방서에서 한참 위쪽으로 가면 이름이 유빌레움스바르테Jubiläumswarte* 라는 관망대가 있어요.

거기에 이따금 가서 층계로 높은 데까지 올라 가지 않습니까? 애들이 층계를 올랐다 내렸다 하면서 엄마도 경쟁을 하자고 그럽니다. 그러면서 쫓아서 올라갔다 내려오고 그런 생활도 하면서, 어떤 때는 산을 넘어서 저기 보이는 코르돈Kordon 주택지, 산기슭에 집들이 아주 멋지게 서있지 않습니까? 그런 집들을 따라서 내려오면 층계들이 많습니다. 거기까지 내려와 가지고 제일 밑에 캠핑장 옆에 버스가 다니는 휘텔베르크스트라쎄Hüttelbergstrasse(거리 이름)까지 와서는 거기서부터 어디로 가냐 하면 볼퍼스베르그Wolfersberg라

* 황제 Franz Josef 1세의 통치 50주년을 기념하여 1898년 비엔나 서쪽 비엔나 숲 속 해발 449m 위에 만든 관망대.

는 조금 낮은 산인데 산이라기보다는 약간 높은 언덕 그런 기분이 나는 곳인데 거기에 가게 되면 아주 넓은 초원Wiese이 있습니다. 그때 생각에 이런데다가 집을 한 채 지어 살았으면 얼마나 좋겠는가? 그런 생각이 들었습니다. 거기 올라가게 되면 사방이 다 보이거든요. 한 쪽으로는 고속도로도 보이고 또 다른 방향으로 보면 알트에를라Alterlaa(지역이름) 라는 높은 집들이 .

서있는 곳이 보입니다. 여기서 지하철을 타고 거길 가려고 하면 시간이 많이 걸립니다만. 위에서 보면 그렇게 멀진 않습니다. 그런 곳도 보이고 사방이 잘 보입니다. 이런 데서 살면 얼마나 좋겠는가? 그런 생각이 들었습니다. 그건 빈 시 소유 공지가 되어서 아무도 손을 댈 수가 없어요.

그런데 80년대에 들어서 아이들이 크니까 우리 사는 아파트 공간이 너무 좁아서 집을 옮겨야 되겠다는 생각에 집을 찾았습니다. 여기저기 찾아보는데 어느 날 신문 광고에 보니깐 아까 얘기한 볼퍼스베르크 근방에 집이 한 채 나있었습니다. 자기네들이 팔겠다는 기사를 읽고 와서 본 게 지금 사는 이 집입니다.

그렇게 여기 와서 살게 되었습니다만, 보시다시피 여기서 보게 되면 창 밖이 전부 녹색이지 않습니까? 그래서 일상생활에 있어서 이런 집에서 생활 한다는 것이 나로서는 상당히 다행한 일이 아닌가 하는 생각도 들고, 일이 많을 때는 내가 저쪽 방에서 책도 보고 합니다만. 피로하게 되면 정원에 나가서 풀도 깎고 또 잡초도 뽑고 정원 일을 많이 합니다. 또 한국이 그리워서 한국 채소도 심었습니다. 상추 같은 그런 채소는 잘 되지가 않고 달팽이가 와서 금방 먹

이박사 정원에 핀 백일홍

어버리니깐 안되고. 미나리도 했다가 실패를 보고 지금 부추하고 들깨. 들깨는 매년 심어야 하니깐 가을에 씨를 받아서 일찍이 집안에 심었다가 밖으로 옮겨 심어야 합니다. 부추는 한 번 심어놓게 되면 매년 나오는 거니깐, 죽을 때도 있습니다만. 대게 매년 나와서 그렇게 가꾸는 게 어렵진 않습니다. 그리고 한국에 갔을 때 한국의 백일홍 그것이 맘에 들어서 그것도 세포기 몰래 가져다가, 지금 같으면 가지고 나올 수 없을 것 같습니다만 그때는 조사를 해도 자세하게 안 해서 가져와서, 여기다가 심어놓고 꽃을 볼 때마다 고향생각도 합니다. 그리고 또 우리 집에 여기 탄넨바움Tannenbaum, 한국말로는 뭐라고 하죠?

유재철 침엽수라고 합니다.

이상경 우리 부모님이 오셔가지고 두 그루 심어놓았어요. 근데 이것이 너무 빨리 자라서 좀 걱정입니다만 이 나무를 볼 때 마다 부모생각도 하고 또 다른 나무들도 꽤 많습니다. 다른 집에도 많습니다만 우리 집에는 소나무도 있고 자작나무 이런 나무들도 있고 조금 전에 일본의 빨간 잎이 나는, 뭐라 그러지, 생각이 안 나네… 가을내내 빨간, 갑자기 생각이 안 나네. 아, 일본 단풍나무.

19.
한국정치에 관한소고

한국 정치와 유교사상의 관계

유재철 오늘은 그 동안 여기 사시면서 한국 정치에 대해서 갖고 계셨던 생각들을 말씀해 주시면 좋겠습니다.

이상경 옛날에 서울대학 원자력학과에서 교편 생활하던 박해일 교수라는 분이 빈에 있었는데, 그 분하고 만나면 이따금 한국 정치 이야기를 할 기회가 있었습니다. 나는 이렇게 생각합니다. 우리 선조들은 이조 500년 동안, 그 이조 500년 이라는 오랜 세월에 그 유교사상의 영향 아래 사회발달에 있어서도 침체에서 벗어나지 못하고 정치적으로 너무 왈가왈부하던 그런 사회로서, 양반 / 상놈이라는 계급차별에 의해서 사회발달이 늦어졌습니다. 난 그렇게 봅니다.

그래서 사회가 그렇게 된 것이 국민에게만 책임이 있는 것이 아니고 유교학자들, 소위 양반이라는 사람들에게 책임이 더 많았지 않았을까. 한국의 소위 양반이라는 사람들은 어떤 신체적인 노동을 하는 것이 그들의 신분에 어긋나는 것으로 보지 않았습니까. 어떤 사회든지 사회가 발달이 되려면 모든 사람이 전력을 합쳐서 노력을 해야만 발달이 되는데, 한국에서는 일하는 사람 따로 있고, 일 하지 않고 양반이니 상놈이니 따지고 에헴 하고 유교사상에 대한 논란만 하는 사람들이 있어서 사회발달이 늦어졌습니다.

그에 따라서 상업이 발달을 하지 못하지 않았는가. 일본만 하더라도 일본이 내 생각 같아서는 도쿠가와 시대에 이전의 일본사람들은 한국이 훨씬 일본보다 우세하다고 생각했던 것 같습니다.

나의 견해로서는 벌써 도쿠카와 시대에 그러니까 17세기, 18세기에 한국이 일본보다 발달이 늦지 않았는가 싶은데 그 말은 이씨조선이 경제력이 뒤떨어져 있었습니다. 한국이 이조 500년 동안에 경제력이 약해서 상업이 발달하지 못하잖아요. 근데 일본만 하더라도 오사카 중심으로 상업이 발달하기 시작합니다.

일본사회에서도 상인들을 아주 멸시했습니다. 멸시를 받았는데, 상업이 발달됨으로써 상인들이 돈을 벌기 시작하니까 귀족들이 상인에게 경세직으로 의존을 하게 된단 말입니다. 돈 없이는 일이 안 되니까 사회적으로 푸대접 받는 상인들에게서 돈을 빌려가지고 귀족들이 자기들의 사회적 위신을 떨어지지 않게 하려고 하니, 비록 상인들이 사회적으로는 멸시를 받지만 실제에 있어서는 이 사람들이 더 힘을 가지고 있었습니다. 그래서 조금 전에 우리가 이야기하던 훌륭한 그런 연극형식도 생기게 되고 상인들의 지원으로서 그런 고도의 연예의 발달을 보게 되었잖아요?

유재철 예

이상경 일본의 연예는 고도의 발달을 하게 됐는데 우리사회에서는 우리 연극이 고전의 원형을 크게 벗어나지 못하게 된 것도, 우리 연극이 궁전에서 일단 보호를 받다가 나중에 궁전이 경제적으로 넉넉하지 못하여 떠나게 됐잖아요. 나오게 되어 일반화가 되었는데 지원하는 사람이 없으니, 발달 가능성이 없잖아. 생활에 구애를 받으니까. 거기 참여하는 사람들이 우선 생활이 돼야 하는데 생활이 안 되니까.

그래서 발달과정에 있어서도 침체상태를 극복하지 못하게 되고, 그게 또 더 영향을 미치게 된 것은 이 양반이라는 소위, 유교에 젖어있는 그 양반계급에 속하는 사람들이 이런 저런 발달에 영향을 주지 않았나, 나는 그렇게 봅니다.

한국, 오천년 역사에서 제일 경제적으로 발달이 안된 사례가 이조 500년인데, 이런 정신 하에서 이조 500년 동안에 유교사상이 전 국민의 머릿속에 들어갔는데 이것이 그러니까 아무런 설득력이 있어서 일반화된 것이 아니고, 피상적으로 유교학자들이 그렇게 정했기 때문에 무조건 그런 줄로, 그렇게 해야만 되는 것으로, 그렇게 생각 했던 거야. 그에 대한 생각은 해보지도 않고, 유교학자들이 말하는 그대로 삼강오륜에 따라서 그렇게, 아무런 설득력이 없는 그런 그 이론에 따른 생활을 하게 되니까, 이게 그러니까 거기에 대한 어떤 박애정신, 인도정신 그런 것이 생길 수가 없지. 서양 사회만 하더라도 이것도 옛날에야 뭐 상당히 참혹한 그…

유재철 시대가…

이상경 시대가 많았습니다만 그 프랑스 혁명 때도 그렇고 잔인한 장면이 많았습니다. 근데 그것이 신앙에 의해, 거기에 대한 어떤 상호 간의 의견교환을 통해서 사회가 발달이 되고, 거기에 따라서 인도주의가 생기게 되고, 박애정신이 부가되는데, 한국사상에는 서양적인 인도주의 정신, 박애정신이 박약하잖아. 박약하니까 무조건, 누가 그렇게 말하기 때문에 그래야 되는 줄로만 알아. 그러니까 사회가 큰 발달을 못하게 돼. 거기에 대한 생각들이 모자라기 때문에. 사상적으로, 또 정신문화에 있어가지고도, 그래서 이조 500년이 그렇게 진보적이 되지 못하고, 그 사상을 받아들인 우리 세대 사람들이 그런 정신을 계승하여 그 정신적으로는 그 정신이 계속 되고 있어. 아직도 우리는 그 단계를 극복을 못 하고 있잖아.

또 조금 전에 내가 이야기하다시피, 우리의 신명, 좋은 말이지 신명. 참 좋아. 신명이 나서 뛰고 놀고 하면서 살 수 있으면 좋은데, 신명이 나도 신명이 난 후에는 우리가 우리의 그 신명이 난 동기나 후의 일에 대해서도 우리가 생각할 기회를 좀 가져야 돼. 가져야 되는 거야.

유재철 예, 맞이요.

이상경 우리는 가지지 않는단 말이야. 생각을 안 해.

유재철 신명이 신명으로 끝나버리는…

이상경 어! 신명이 신명으로 끝나버려. 끝나버리니까 거기에 대한 아무런 생각도 안하고 그래도 지속이 되니까, 그게 발달이 없어. 그대로 그 상태가 그대로 유지가 되가지고 그런 상태 속에서 생활하는 사람들의 태도나 노력에 따른 결과가 항상 같잖아. 같은데 거기에 대한 반성이 있어야 하지 않을까. 나라를 발달 시키려고 하려면. 그런 정신 하에서, 내가 서울에서는 대학을 다니다가 졸업도하고 살았습니다만, 옳게 살기보다도 군대도 갔다 오고 해서 서울에 사는 사람들의 정신 상태를 완전히 난 포착하지 못했습니다만 대구만 하더라도 그 아주 강경하고…

유재철 완고하다고 볼 수 있습니까? 완고하다.

이상경 완고하기보다도, 완고한가? 하하하. 스투어Stur(고집스럽다)! 하하하.

유재철 완고보다도 더!

이상경 고집이 너무 많아, 고집이, 고집이 많다는 것은 자기 고집만 부리고 이렇게 상대가 있으면 자기 입장만 생각을 하고, 상대입장을 생각을 안 하는 거지.

유재철 그러니까 개선할 의지가 없는 거잖아요?

이상경 에. 그러니까 성격적으로 봐가지고 그런 형식으로 나오기 때문에, 그런 처지에서 민주제도, 인도적인 민주정치가 가능했을까? 내가 생각할 때 장면씨만 하더라도, 그 사람은 그런 식으로 노력을 했는데, 안 돼!

유재철 받아주는 사람이…

박정희에 대하여

이상경 에. 안되니까 박정희가 나왔잖아요. 박정희가 나와서 그런 식으로 비인도적인 정치를 한데 있어서 나도 찬성은 못합니다만 만약 그 분이 민주적인 그런 정치체제를 채택했더라면 우리가 오늘과 같은 그만한 발전이 있었을까 하는 그런 의심이 가요. 물론 현재, 현재 우리입장에서 볼 때, 그 당시에 한 일들이 잔인한 면도 많고, 비인도적이고 그리고 무리하고 비정당성이 많은데, 우리 한국 사람들의 정신상태, 그런 정신조건 하에서 만약 민주적인 정책을 폈다면 국가 발전이 제대로 진행되었을까? 그게 내가 의심이 가요. 그래서 그 사람이 제일 먼저 한 것이 정권을 잡고 나서 사회설비Infrastruktur, 즉 도로를 만들고 또 산에 나무를 심게 하고, 큰일 날 뻔 했어. 빨가숭이 산만 남을 뻔 했지. 한국은 그 전에 해방 후에 나무를 베어다가 다 태워버리고 빨간 산밖에 남지 않았잖아. 근데 그 사람이 거기에 착안을 해서, 안 그러고 그 때 시기를 놓쳤다면, 우리가 리바논이나 크로아티아 같은 그런 민둥산들밖에 볼 수 없었을 겁니다.

근데 그 사람이 제일 먼저 착안을 한 것이 도로공사, 산림공사, 거기에 착안을 했잖아. 해가지고 그것을 개발을 하고, 사람들이 산에 못 들어가게 하고, 식목일이라는 날을 만들어서 그날마다 나무를 심으러 다니고 그런 일을 했어요. 했는데, 나중에 육영수여사가 돌아가고 나서 사람이 좀 정신적으로 상당히 이상하게 된 것 같이. 근데 자기 말로는 초기에 그랬잖아. 자기가 몇 년 도까지 정권을 잡고 넘겨준다. 근데 그때까지도 가지 못하고 김재규한테 당했습니다마는.

내가 말씀 드리다시피 당시로 봐서 다른 대책을 썼다면 어떻게 되었을까. 만약 민주정치 그리고 자기 삼촌 누구지? 김종필을 시켜가지고 일본하고 협상을 하게 해서, 그 당시로 말하면 큰돈이지만 그렇게 제대로 받지를 못하고 그것으로 끝냈습니다만 만약 그 돈이 없었더라면 국가를 개발해나갈 재력이 있었을까?

그런데 일본에서는 그 이상 안주겠다 했으니까 안 받고 그냥 남겨뒀으면 그게 우리한테 유리했을까 해로웠을까? 그 당시로 보아선 당장 돈이 필요했으니까, 그 돈을 받아가지고 금액이 적더라도 받아가지고 그것을 잘 이용했기 때문에 포항제철도 만들고 비료공장도 만들고 그렇게 하긴 했는데, 우리 국민으로서 지금 보니까 내가 지난번에 한국에 갔더니 그 사람이 만주군관학교인지 만주 육사 나와 가지고 일본 육사 조금 다니다가 해방이 된 것 같은데, 그런 것을 자꾸 들고 일어나서 그 사람에게 맞지 않는 증거물이라 해가지고 자꾸 신문에 내어 그 사람을 더 좋지 않은 사람으로 비방한다는 것은 조금 잘못된 것이 아닌가. 근데 장단점을 찾아 봐야 돼. 이 사람이 한 짓이 좋은 점도 있고 나쁜 점도 있는데,

유재철 그 두 이야기를 해야 되거든요, 박정희가 없었다면 한국은 어떻게 됐을까 그리고 박정희가 한 것이 무엇인가. 결단력이 없었으면 한국은 어떻게 됐을까, 종합적으로 검토 해봐야 합니다. 그게 바로 이제 역사가 되는 거죠. 그러한 작업을 해야 되는 거죠. 한 면만을 보고 친일파다 나쁘다 어쩐다 하면 안 되는 거거든요, 물고 늘어져서는 안 되고, 그렇다고 우리가 발전되는 것도 아니거든요. 남의 허물만 들춰내면 우리의 발전에 지장을 초래하게 되지요. 앞으로 우리가 어떻게 살아가야 할까를 생각해 보는 게 더 중요한 거라고 봅니다.

김영삼과 김대중, 그리고 노무현

이상경 나중에 그 사람 후에 전두환이 그것을 수습하려고 했는데, 모르겠습니다. 그 사람에 대해서는 큰 생각을 해본 적이 없지만, 그 사람이 대구사람이잖아? 대구사람인데 무리한 짓도 많이 하고 전두환 앞잡이 노릇을 한 사람이 박 무슨 대장인데, 그 사람도 우리 학교 출신이었거든.(하하하). 그때 광주사건 진압한 것도 그 친구가 했는데, 박희도라고 학교같이 다니던 친구인데 대구사람들도 그 사람을 싫어해. 그래서 감히 난 그 사람하고 같이 학교 다녔다고 말도 못할 정도로 싫어해.

그런 점도 있었습니다마는, 그 후에 노태우. 노태우는 능력이 있는 사람같이 생각이 안 들데, 군인으로서는 몰라도 정치가로써는 그렇게 능력이 있는 사람이라는 감은 오지 않습니다. 김영삼은 나는 좋지 않게 봅니다. 좋게 보지 않는 것이 여기에 붙었다, 저기에 붙었다가 하는 주관이 뚜렷하지 않은 사람 같아. 일본 가서, 인터뷰를 많이 했어요. 했는데, 김대중이 욕을 얼마나 하는지! 내가 그 기사를 읽었습니다.

유재철 그런 사실은 우리가 잘 모르거든요.

이상경 김대중이 욕을 얼마나 하는지 몰라. 국내에서는 욕을 해도 괜찮습니다만, 외국에 나가서 일본에 나가서 욕할 필요는 없잖아. 일부러 일본까지 가서.

유재철 근데 일본에서는 김대중 추종자들도 많았잖아요.

이상경 아니 그런데, 인간적으로 봐서 그런 사람이 대통령 감이 됩니까? 나라를 사랑한다는 사람이. 그 사람 김대중도 우리 피를 같이 한 인간이고, 자기도 한국 사람인데, 국내에서는 죽이고 때리고 해도 괜찮은데 외국에 가서까지 자기 상대방을 그렇게 욕을 하는 그런 인간이 대통령 감인가 그런 생각이 있습니다.

김대중씨. 내 생각 같아서는 물론 정치는 좋은데, 이북하고 햇빛 정책 하는 것은 좋은데 어느 정도 상대방을 알아야 돼. 이북 사람들과 대화의 길을 터놓은 것도 그 사람을 통해서 터놓았는데 그 후에 진행이 잘 되지 못했습니다.

정도문제에 있어서 이북 사람들을 돕는 것은 그 사람들도 우리 형제고 돕는 것은 당연하나 자기 앞에 불이 나면 이를 먼저 꺼야 하지 않겠습니까? 한국에도 얼마나 가난한 사람들이 많은데 그 사람들은 돌보지 않고 이북에만 갖다 줘야 한다고 자꾸 보내고. 그리고 자기 노벨수상 받을 때도 사실인지 아닌지 몰라도 로비 한 사람들이 돈을 많이 썼다고 그런 말이 돕디다. 나로서는 확인할 길이 없지. 하지만 만약 그런 일이 있었더라면 그건 좀 문제가 있지 않을까.

한국 대통령으로서 그렇게까지 외국에 가서 돈 써가면서 노벨수상을 받기 위해서 그런 짓까지 해야 되느냐. 그런 생각이 드는 거지.

노무현씨, 노무현씨는 내가 볼 때 사람은 아주 좋은 사람이야. 좋은 사람이고, 노력도 하고 했는데, 자기 주변에 있는 사람들이 자기 말을 안 듣고 딴 짓을 한 것 같아. 내용은 잘 모르겠지만 기분이 그래.

개인적으로 만난 적이 있어. 만난 적이 있다는 것은 내가 KBS 해외동포상을 받았잖아요? 그래서 KBS에서 수상자들을 청와대에 데려가서 거기에서 만났는데, 자기소개를 돌아가면서 하는데 내가 학술이니까 제일 먼저 하게 되잖아. 조금 길게 했더니 KBS에서 같이 따라온 친구가 짧게 하라고 그래. 노대통령이 '아이고, 괜찮습니다.' 이러더라고 그렇지만 짧게 해버렸습니다만.

사람이 좀 인자하고 노력가인데, 자기 주변 사람들이 발을 맞추지 않으니 대통령으로써 나라를 끌고 갈 만한 힘이 이 사람에게 있었을까 하는 의아심이 듭디다. 내용은 몰라요 그때 잠깐 만난 그것밖에 없었어요.

유재철 그 인상이 그러셨다는 거죠?

이상경 네네, 인상도 그렇고 자기 부인도 와서 내 옆에 앉아있었습니다, 그 부인. 모르겠어. 좀 뭐랄까 그렇게 관대하고 열려있는 사람 같지는 않아 보이는 인상이었어. 그 사람 뭐 인생을 봐서는 대단한 사람이지, 중학교 야간 중학, 고등학교밖에 못나왔는데 변호사까지 되고 나중에 큰 야당의 지도자로써 한국의 대통령이 될 수 있었다는 게 그것만 봐도 대단한 거지. 근데 그 사람으로 봐서는 김대중씨가 하던 그것을 받아가지고 확장을 하려 했는데, 김정일하고 대화가 그런 방향으로 가지 못했잖아요. 자기는 그렇게 하고 싶어도 상대방에서 그렇게 하지 않으니까 할 수 없지. 박근혜는 내가 별로 모르고.

유재철 근데 이 한국사회의 문제는 지금 이거 완전 잘 못 가고 있거든요? 뭐 문제가 한두 가지가 아니에요. 그 시발점이 이명박 같아요.

이명박과 한국의 종교에 대하여

이상경 아! 이명박 이야기를 안 했다 내가. 이명박은 경주 이씨로써 원래는 내 이름하고 같은 이상경입니다. 한문으로 쓰면 달라. 경자가 달라 나는 볕 경자景고 그 사람은 서울 경자京입니다.

유재철 그런데 어떻게 이명박입니까?

이상경 자기 어머니가… 한국 사람은 그런 게 있잖아요? 미신 같지만 이름을 바꾸면 장래가 좋아 진다구.

유재철 개명한 거군요?

이상경 네네, 그래서 이름을 바꿨대요. 어렸을 때. 그래서 이명박이 됐대요. 원래는 내 이름하고 같아. 같은데 그렇게 됐다고 그러는데 이 사람은 그러니까 신교파, 어느 교회에 다닌 모양이데, 그 교회에서 말하는 그런 흐름에 너무 끌려가고 있었던 것 같아.

끌려가가지고는, 몰라. 그렇지 않았으면 다른 정치를 했을지는 몰라도, 한국의 그 종교계라는 것이 내가 볼 때는 참 문제가 많습니다. 너무 번잡하게 산포되어있는 것 같아. 그리고 한국의 기독교계라는 것이 내용적으로는 엉망이잖아. 서울만 가더라도 밤에 보면 십자가가 얼마나 많이 보여요? 그렇다 해가지고 이 사람들이, 교인들이 정말 깊은 신앙심을 가지고 있는 것이 아니거든.

어떤 사람들은 미신적인, 그건 가톨릭교회에서도 그런 사람들이 상당히 많아요. 미신을 믿고 있는 것 같아. 옳은 종교심이 아니고, 미신의 신앙이라. 메주고리 요셉, 그것도 문제야. 난 모르겠어. 내용에 대해서 나는 모르는데 거기 찾아오는 사람 중에 한국 사람이 그렇게 많다고 그러대. 나로서는 증명은 못합니다만 내 기분에는 그래, 옳은 것이 아니거든. 문제점이 많다 그러더라고. 그래서 바티칸에서도 인정을 안 하고 있잖아요? 이유가 거기 있거든. 파티

마도 그렇고 모르겠어. 나는 신앙심이 모자라서 그런진 몰라도 의아심이 많이 가거든요. 근데 이명박이 이 사람은 너무 종교에 얽매여가지고 이 사람들 앞잡이 노릇을 많이 하잖아. 필요 없는 짓을 많이 하잖아. 예를 들어서 3.8선 넘어로 풍선을 이북으로 띄우고, 그기 할 필요가 뭐가 있어요? 할 필요가 없잖아. 그 사람들이 싫어하는 짓을 왜해! 그런 짓을 하고…

유재철 요새는 뭐 병에다 쌀을 담아가지고 바다에 띄운대요, 그럼 해류를 따라서 이북으로 간대요.

이상경 무슨 의미가 있어? 의미가 없잖아.

유재철 그 것뿐 만이 아니라 대북방송을 하고 있거든요.

이상경 그리고 또 어떤 사람은 하는 말이, 이북 사람들을 기독교화해야 한다. 그런 미친 소리가 어디 있어요. 기독교하고 남북문제하고 무슨 관계가 있어.

유재철 얼마 전에요, 페이스북에 이런 게 떴어요. 이북 가서 찍은 목사 사진이 나왔습니다. 번창 하고 있고 자기네 교회에서 이렇게 도와주고 있다. 교회 밖의 사진은 있는데요, 안에서 기도하고 이런 장면은 없어요. 그 사진에 껍데기만 교회처럼 형상만 있고 그 목사가 가서 그렇게 지원을 하고 있다 하는데…

이상경 종교계가 문제가 그기야. 자꾸 그런 짓을 하고 있기 때문에 무슨 풍선을 띄우고 기독교화 한다고 기가 막혀서. 중국에서는 가만히 두잖아요. 중국도 보기는 싫지만 종교계를 가능한한 터치를 안 하잖아요. 가만히 두는데, 그래서 그 안에서 성장이 되면 그대로 두고, 근데 외국에서 와서 중국 사람들에게 선교하는 것은 원하지 않거든.

국내 사람들이 선교 활동하는 것은 묵인하여도 외국 사람이 선교하는 것은 한국도 그렇잖아요, 사실 난 서양 사람에 대해 아주 반감이 많습니다. 옛날에 식민지를 갖고 있던 나라들, 옛날에 강화도에 옮겨놓은 서적들이 전부 파리에 가 있잖아요.

그때 그 선교 사업문제로 프랑스함대가 들어왔잖아요? 프랑스 선교사가 희생을 당했지, 아마 죽었다지? 프랑스가 그 이후로 한국에 함대를 파견하여서, 그 누구지 마지막 이태우? 쇄국정치를 하던 대원군! 아 대원군시대가 왔잖아.

그 사람이 쇄국정책을 안 했으면 우리도 그때 벌써 식민지화 됐습니다. 식민지 됐어요. 거듭 군함이 왔으니까, 자꾸 와서 쏘고 하니까 그런데 대원군이 얼마나 거기에 대한… 그랬겠어요? 대원군이 없었으면 식민지가 되었어요.

그런데 그때 군함이 와서 점령을 하지 못하니까 국내에 못들어오니까 강화도 가서 책도 다 가져갔잖아. 근데 놀라운 것은 그때 우리 고속철도 놓을 때 떼제배TJB, 프랑스에 위탁을 했잖아? 그래서 프랑스 대통령 미테랑이 한국에 인사하러 올 때 훔쳐간 우리 책 한권 딱 가지고 와서 선물이라고, 도둑놈들, 그런 법이 어디 있어. 영국도 대영박물관에 아마 전부 도적질 한 것들 갖다 놨잖아. 이집트의 무미(미이라)며…

유재철 일본에도 지금 우리나라 책이 굉장히 많이 있잖아요.

이상경 일본에도 많은데, 일본은 어떻게 했냐 하면 나라에서 가지고 있는 한국 예술품은 돌려주고 개인소유, 그것이 문제거든? 그 개인소유는 터치를 안 하고 있어요. 정부에서. 다른 것들은 돌려줬습니다. 돌려줘야 돼 영국도 프랑스도 그리고 중국에 어디지 지명을 잊었다. 그 실크로드가 시작하는 시초입니다만, 거기에 절이 하나 있습니다. 둔황에 있는 천불사인가? 그 불상이 많은 곳인데, 11세기에 스님들이 피신을 할 때 그 모래 속에다가 책을 숨기고 도망쳤거든? 근데 1900년도에 발견이 되가지고 세상에 알려진 거지. 그 프랑스 놈들이 다 가져갔어. 러시아도 만주 땅 다 차지했잖아. 그런 짓을 했으니 일본도 그렇잖아요.

동양국가로서 서양과 같은 똑같은 짓을 한 국가란 말이지. 참 문제야. 한국도 요즈음 그래, 아프리카니 어디니 그런데 가서 자꾸 착취하고, 마다가스카르만 하더라도 대우에서 가서 90년간 마다가스카르 토지를 빌렸잖아요? 돈을 많이 내고, 개발을 하는데 주민들을 못 들어오게 해. 도로를 만들고 말이지. 완전히 자기 소유처럼 만들었다가 나중에 군사혁명 후에 쫓겨났잖아.

그런 짓을 해서 되겠어요 한국 사람들이? 옛날에 그렇게 고생하다가 이제 좀 돈이 있으니까 남의 나라 가서 그런 짓을 해서 되겠어요? 좀 인노적으로 나오면 장래성이 있잖아. 서로 서로 너도 나도 잘살고 근데 자기만 잘 살려고 착취하니 말이지. 서양 사람들이 하던 짓을 그대로! 아프리카에서 서양 사람들 다 쫓겨나요, 나쁜 짓을 자꾸 하니까, 세상 그래가지고는 안돼요. 지금 아베 그 인간도 옛날대로 일본을 만들려고 하는데 그렇게 만들면 전쟁을 하게 되지. 아무 죄도 없는 사람들이 죽어야 하잖아. 왜 그런 짓을 해?

20.
퇴임 후의 활동

유재철 정년 퇴임 후엔 어떤 일을 하셨나요?

이상경 내가 한국 가서 있던 이야기도 해야 될 것 같습니다. 그전에 안병영씨 얘기부터 해야 할 것 같습니다. 그분은 여기 빈에서 빈클러Winkler 교수에게서 법학 박사 학위를 하고 한국에 돌아가서 연세대에서 교수생활을 하던 분인데, 이분이 90년대 말, 김대중 대통령 때 한국 교육부장관을 하신 분입니다. 하신 분인데, 내가 90년 중반에 그 분에게 이제 한국학과를 세우기 위해서 그분을 찾아가서 객원교수 지원을 부탁하려고 했습니다.

그래서 내가 교육부장관 비서실에 전화를 했더니 비서실에서 묻는 것이 장관하고 친한 사람인가, 하고 물었습니다. 아니라고 했죠. 나는 장관하고 친하지도 않고, 잘 모르는 사람이라고 그랬더니, 아마 이야기를 전하지도 않은 것 같습니다. 그래서 그 이야기를 내 친구, 서정갑이라는 분이 연세대 교수로 있어서 그 사람한테 이야기를 했더니 그 사람이 교육부에다 전화를 해서 안 장관한테 내 이야기를 했던 것 같습니다. 그랬더니 그 날 비서실에서 나를 찾느라고 온 서울 별별 곳에 전화를 해가지고 어떻게 해서 나한테 연락이 왔습니다.

연락을 받고, 다음 날 아침 7시 조선호텔에서 안 장관을 만나게 되어서 그 분한테 부탁을 했습니다. 한국학을 만들려고 하는데, 우선 한국에서 객원교수 지원이 좀 있었으면 좋겠다고 했더니 그럼 그것을 해보겠다고 해서 다음 해에 지원을 받게 되었습니다.

그 후에 내가 한국에 가게 된 것도, 이 분이 장관직을 떠나서 다시 연세대로 돌아왔을 때, 내가 만나서 내가 한국에 한번 가서 내가 여태까지 얻은 지식을 소개를 하고 싶다, 그랬더니 자기가 하는 말이 그러면 이야기를 해보겠다고 하는데, 내가 대구출신이니까 아마 대구 경북대가 좋지 않겠는가, 그래서 나는 아무데나 괜찮다고 그랬더니 거기에다가 소개를 해줬는데 오랫동안 아무 반응이 없었습니다.

나중에 경북대학에서 연락이 와서 오라고 하는 그런 초대가 왔습니다만, 그 동안에 내가 일본에도 신청을 했기 때문에 일본에서도 오라고 해서 내가 일본에 갔다가 한국에 가겠다고 해서 2001년도부터 경북대학에 가서 안병영 장관 덕택으로 2003년까지 다섯 학기 가르치게 되었습니다.

그리고 그보다 먼저 김종운이란 분이 영문과 출신입니다만, 서울대학. 그 분이 서울대학 총장도 하고, 학술 진흥재단 이사장으로 있었습니다. 그 분한테 내가 부탁을 한 적이 있습니다. 안병영씨 만나기 전에 그 분한테 나는 한국에서 비교문학을 한 번 가르치고 싶다고 그러니까 그 분이 여러 곳에 물어본 모양입니다. 그런데 그때 아직 한국에는 비교문학과가 없었습니다.

은퇴 후 2000년대의 모습

최근 얼마 전, 2000년도에 들어와서 서울대학하고 외국어 대학 대학원 레벨에 비교문학이 생긴 모양입니다. 그러니까 비교문학 쪽에 자리가 없어서 김종운씨가 어떻게 해볼 수가 없었던 것 같습니다.

내가 한국에 간 것이 2001년도부터 2003년도까지 갔습니다. 내 고향인 대구에 있는 경북대학에 가서 좀 있었습니다. 소속은, 내가 일본 것을 좀 연구했기 때문에 일본어 문학과에 가 있었습니다. 6시간을 수업 했는데 3시간은 학부학생, 3시간은 대학원 학생들을 상대로 수업을 하는데, 3시간은 일본연극에 대한 이야기를 하고, 3시간은 비교연극 일본과 중국과의, 유럽과 미국과의 관계에 대해서 얘기를 했습니다.

학부청강생들은 상당히 숫자가 많았습니다만, 한국은 대학에 대학원 학생들이 별로 없어요. 대학원 학생들의 수는 많이 없었습니다만, 그런데 우연히 이야기가 돼가지고 일본어학과 학생들보다 러시아 문학과 학생들이 많이 왔어요.

문제는 대학 내에 일본어과에 있는데 선생들간의 사이가 좋지 않아. 두 파가 갈려져 있어가지고 나를 데려온 사람 파하고 나를 데려오지 않고 그냥 묵인한 사람의 파가 서로 옥신각신하게 되니까 내가 2년 반, 2년을 있고 나서 조금 더 있고 싶었는데 나를 데려온 사람이 일본에 객원교수로 가 있는 동안에 나에 대한 반대운동을 일으켜가지고 그냥 그만두게 하잖아요. 그래서 독문과에서 한학기하다가, 2년 반 하다가 돌아왔습니다.

거기에 있는 동안에 내가 한국에도 일본연극을 한번 소개를 할까, 그리고 비교연극도 거기에 포함을 시켜가지고 소개를 해볼까, 해서 내가 쓴 것이 『노와 가부키의 미학』이라는 이름의 책으로 태학사를 통해 출판했습니다. 비교연극학적 요소가 많이 들어있습니다. 내가 거기에 있으면서 책을 쓰게 되었는데, 근데 거기 도서관 사서, 그러니까 도서관 독서실Lesesaal 담당하고 있는 여자분이 말하기를 "내가 경북대학에서 제일 열심히 연구를 한다"는 말을 합디다만, 보니까 한국 교수들이, 물론 사람에 따라서 다릅니다만, 제도상으로서 여기서는 어느 정도까지는 일을, 연구를 하게 되어 있잖아요? 근데 한국에서는 교수가 되면 일을 안 하는 사람이 많은 것 같아요. 시간만 그냥 대충 때우고. 내가 거기 있는 동안, 교수들과 접촉을 자주했는데 연구하고 있는 사람들을 본 적이 별로 없어요. 보면 그렇게 열심히 일들을 하고 있지 않는 것 같아. 그래서 정부에서 거기에 대한 대책이 필요하지 않나. 교수가 된 사람들을 연구를 하도록 만드는 그런 제도가 필요하죠.

강요를 하더라도, 무리로 강요는 못합니다만 제도상으로 그것을 잘 조정을 해가지고 연구를 하도록 만드는 그런 제도가 필요하지 않을까, 그런 생각이 듭니다.

학문적 업적을 수많은 상들로 보상받다

유재철 그동안 상을 여러 번 받으신 걸로 아는데 어떤 상을 받으셨는지 말씀해주시겠습니까?

이상경 훈장을 몇 개 받았습니다. 내가 1999년에 한국으로부터 국민훈장 동백장을 받고 그 다음에 오스트리아 정부로부터는, 나는 십자공로대훈장이라고 번역을 했습니다만 이것을 2000년도에 받았습니다.

그리고 내가 여기 있을 때 KBS에 한 두 번 추천이 올라간 적이 있습니다만, KBS 해외동포상이란 게 있지 않습니까? 근데 여기 있을 때 응모한 것은 안 됐어. 안됐는데 한국의 경북대학에 가 있으면서, 그러니까 2001년도에 KBS에 경북대 총장 추천으로 신청이 올라갔는데, 내가 거기에 있는 동안에는 대상이 되지 않았던 모양입니다.

내가 여기 돌아온 뒤 2003년도에 KBS에서 전화가 와서, 당신이 당선 되었다고 2004년에 오라고 하데? 그래서 KBS 동포상을 받게 되었습니다. 그리고 또 '노와 가부키의 미학'이라고 하는 책은 한국 학술원의 우수도서로 인정을 받았습니다. 인정을 받아서 상당히 많은 부수의 책을 팔게 되었습니다만 나한테 경제적으로 혜택은 그렇게 많지는 않았습니다. 출판사가 많은 득을 본 것 같아.

2004년 KBS 해외동포상을 받은 후 청와대에서 노무현 대통령과 함께

해외동포상을 함께 받은 분들과의 기념사진

그리고 2014년에는 중동 유럽학회에서 내가 한국학에 미친 공로를 인정받아 감사패를 받았습니다.

21.
교민 사회와 만주 조선족 학교

한국인들과의 교류

유재철 한국 사람들하고의 관계는 언제부터 갖게 되셨나요?

이상경 내가 한국 사람하고 관계를 맺게 된 것이 처음에 인스부르크입니다. 62년도에 와서 외로우니깐 아무래도 한국 사람들을 만나게 되죠. 근데 인스부르크만 하더라도 아시다시피 인스부르크에 유명한 신학대학이 있지 않습니까? 요셉 융만Josef Andreas Jungmann*이니 칼 라너Karl Rahner** 같은 세계적인 대 신학자들이 거

* 요셉 안드레아스 융만(1889-1975)은 예수회 신부로서 인스부르크 대학의 사목신학 교수. 미사의식의 중요성을 강조하였다.

** 칼 라너(1904-1984)는 독일 카톨릭 신학자로서 케리그마 신학의 대표자인데 케리그마란예수 그리스도 안에서 해방을 얻고, 그를 통해 하느님의 구원사업에 동참할 수 있다는 설교나 선언의 내용, 혹은 선언하는 행위를 의미한다.

기서 교편을 잡고 있었습니다. 그래서 여러 나라에서 신학생들이 와서 공부를 했습니다. 내가 갔을 때만 하더라도 한국 신학생이 한 5명쯤… 일반 학생들이 한 4, 5명 있었습니다. 그런 사람들 하고 접촉을 하게 되고 그 다음에 72년도에 내가 여기 왔습니다만 내가 여기 오기 전에 이승기라는 대사님이 있었습니다. 그 분은 외교관이 아니고 박정희 시대에 군에 있던 고급 장교들을 많이 외국으로 외교관으로 파견했습니다. 아마 박정희 대통령에 대한 충성이라 할까, 거기에 대한 보답으로 내보낸 것이라고 생각됩니다만, 그 분을 인스부르크에서 알게 되었습니다. 그 말은 여기 처음 대사로 오게 되면 지방(연방)으로 다니면서 주지사Landeshauptmann들에게 인사를 하는데 그 대사가 인스부르크에 자신을 소개를 하러 왔을 때 내가 통역을 맡았습니다. 그래서 그 양반을 내가 대사 부임 초에 알게 되었습니다. 그 양반이 빈에 있을 때 내가 빈 대학으로 오게 돼서, 내가 오니깐 그 양반이 몹시 나를 반가워하고 날 볼 때마다 '아이, 학교 선생님'하며 좋게 생각을 해서, 어디 갈 때마다 자기 자동차에 나를 태워 가고, 한국 사람들 하고 소풍을 갈 때도 같이 가고 했습니다. 빈에 오게 되니깐 자연적으로 한국 사람들을 만나게 되고 아마 1972년 3월에 오십 명인지 백 명인지 모르겠는데 한국 간호원들이 이 곳으로 파견됐습니다.

유재철 1971년부터죠? 1차가 71년, 2차가 72년이죠.

이상경 네, 그래서 그런 분들과도 알게되었습니다. 그리고 내가 인문 대학에 있으니깐 인문계통에서 공부하는 학생들은 자연적으로 알게 됩니다만 공대, 음대 같은 데는 조금 거리가 있어 잘 모릅니다. 아시다시피 한국 사람들은 어떤 나라의 전통 문화니 그런 것을 고려하는 것보다도 현재 그 나라의 국력과 경제력을 통해서 나라들을 판단하는 경향이 있어 이에 따라서 그쪽으로 유학을 가는 학생들의 수가 많지 않은가 그런 생각이 듭니다. 빈으로 오는 학생 수보다 독일 쪽으로 가는 유학생 수가 훨씬 많지 않습니까? 근데 일본사람들은 그렇게 생각을 안 하거든, 옛날부터 빈하고 일본하고의 관계는 깊었습니다. 그래서 빈에 대한 일본사람들의 동경심도 상당히 크고 빈이린 이름 붙은 간판들이 일본에서 많이 볼 수 있습니다. 그런 것을 보더라도 일본사람들이 얼마나 빈을 동경하고 있는지 알 수가 있습니다.

유재철 문화를 대하는 차이 때문에 그런건 아닐까요??

이상경 문화하고 유사적인 관계… 옛날에 일본의 헌법을 만들 때도 여기 와서 슈타인이라 할까 법학계에 있는 사람들하고 만났다고 합니다. 독일하고 여기하고 그렇게 큰 차이가 없으니까 한국에서 일본헌법은 독일헌법이라고 알려져 있습니다만 착오라고 볼 수가 있습니다.

오스트리아에 대한 한국의 관심 부족

유재철 그리고 그 당시만 해도 한국에서는 오스트리아를 전혀 모르고 있었죠.

이상경 그리고 또 이승만 시대에도 우리가 잘못한 것이 프란체스카 여사에 대해서도 오스트리아 사람이란 인식보다도 오스트렐리아 사람으로 알고 있었어요. 호주부인라고 하는 그런 말도 나오지 않았습니까? 거기에 대한 인식이 우리나라에 좀 희박한 감이 있습니다. 이승만 시대에 그것을 옳게 밝혀두었더라면 외교관계에 있어서도 좋은 영향을 미치리라고 생각을 합니다만 그것을 잘 이용을 못하고 현재까지만 하더라도 프란체스카 여사에 대해서 오스트리아 사람들이 그렇게 큰 관심을 가지고 있지도 않지만 별로 알려져 있지 않거든… 한국 정부에서 정책상 일본같이 일본은 쿠덴호프 카렐기 *의 부친과 미치코, 아무런 의미도 없는, 대단한 여자가 아닌데도 지금 미치코를 두고 야단이잖아요. 희곡도 있고 연극도 있고 이렇게 만들 수가 있는데, 한국에서는 착안을 못해가지고 이용을 못해. 이용하기에 달렸거든, 이용을 잘하게 되면 상호간의 관계도 깊게 할 수가 있는데, 그런 문화정책을 잘 못하고 있는 것 같아. 쿠덴호프 카렐기는 귀족 집안이지만 미치코 집안은 아무것도 아니거든, 상인 딸이라고 합디다. 그런 사람이 여기 와서 살면서 큰 역할을 하는데 프란체스카 여사는 일국의 대통령 부인인데도 이용도 하지 못하고 알려지지도 않고, 여기 오스트리아 사람들의 관심이 없다는 것은 좀 가슴 아픈 일이 아닐까 생각합니다.

유재철 저도 그런 생각이 드네요. .

●

* 1923년 Nikolaus von Coudenhove-Kalergi는 *Pan-Europa*라는 저서를 통해 범유럽 운동을 제창했다. 그는 일본 공사를 지냈던 오스트리아 헝가리 제국의 귀족과 일본 골동품 상의 딸 사이에서 둘째로 태어났는데 에이지로라고 하는 일본 이름도 가지고 있었다

이상경 중국도 안 그런데 왜 그런지 모르겠어요.

유재철 한번은 제가 어느 글에 분명히 저는 오스트리아 비엔나에 살고 있다고 썼거든요. 그런데 제 후배가 독일에 살고 있는 선배님이 이런 글을 썼다. 이렇게 나오더라고요. (하하하)

이상경 한국 사람들의 인식이… 독일이라 해야만 뭐가…

유재철 뭐가 좀 먹히고 (하하하)

이상경 잘못되어있어요. 이승만 시대에 잘못한 것 같습니다만.

해외공관 주재원과 교민 사회의 문제점

유재철 그럼 박사님은 한국 분들하고 관계가 조금씩 많아 지셨던 거죠? 한국 분들하고의 어려움 같은 건 없으셨습니까?

이상경 대사관하고 어려운 것이… 물론 내 경우는 비교적 잘 지낸 편인데 내가 1992년도 한오수교 100주년 기념행사를 여기서 개최를 하려고 계획을 하고 모금을 하는데 지장이 많았습니다. 내가 한국에 가서 문화부 장관을 하던 이언영이라는 작가가 있지 않습니까? 이화대학 교수를 하다가…

유재철 이어령.

이상경 이어령입니까? 이어령, 그 분을 만나서 이야기를 했습니다. 사실은 백주년 기념행사를 하는데 돈이 필요한데 어떻게 한국에서 지원을 할 수가 없는가? 가볍게 받아들이면서 자기가 하겠다고 그랬습니다. 그래서 돌아와서 내가 행사비니 그런 것을 다 예산을

짜가지고 한국 정부에다가 서류를 올려달라고 대사관에다가 맡겼습니다. 그 당시에 누가 대사를 했냐면 이장춘이라는 마산분이 대사로 있었습니다. 그래서 내가 처음 가서, 이어령씨하고 얘기가 다 되어있으니 서류만 좀 올려달라고 그랬더니 그때부터 날 만나려 하질 않았어요. 이유는 없습니다. 무슨 이유도 대지 않고 공사한테 가서 이야길 하라고 했어요. 그리고 만나주지도 않습니다. 만나주지도 않고 하는 수 없어가지고 내가 전화로 욕을 할 수도 없는 거고…날짜는 다가오고 다른 길이 없어서 여기 한오협회 회장을 하던 나이사Neisser씨한테 찾아가서 여기서 행사를 하려고 하는데 돈이 없다. 어떻게 했으면 좋겠냐고 그러니깐 한오협회 이름으로 여기 과학부Wissenschaftsministerium에다가 자기가 신청을 하겠다고 했는데 그 돈만 가지고 충분하진 않거든. 한국에서 사람들도 데리고 와야 되니깐 그것만 가지곤 안돼서 외무부에 찾아갔습니다. 모저Moser라고 페터 모저Peter Moser, 오스트리아 사람으로 제일 처음 한국주재 대사를 하신 분입니다. 그 분한테 가서 내가 사정을 이야기했지. 행사를 해야 되는데 돈이 없다. 어떻게 외무부에서 돈을 받을 길이 없는가… 그랬더니 자기가 해보겠다고 그래요. 해보겠다고 그래서 양쪽에다가 서류를 작성해가지고 올리도록 만들었지. 나이사는 나이사대로 한오협회 이름으로 과학부에 내고 그분도 한오협회 이름으로 외무부에 내게 했어요. 과학부에는 내가 아는 사람이 한 분 있었는데 로젠베르크Rosenberg라고, 그 분이 보니깐 신청이 들어왔단 말이야. 담당관이 금방 결정을 안 내리고 전문가의 감정Gutachten을 받아야 되거든. 그 감정에 따라서 결정이 나니깐 일본학과 과장 린하르트 교수에게 서류를 보내 감정의뢰를 하니 틀림없는 승인이지. 그런 식으로 행사 신청을 승인받고 외무부 쪽은 모저씨 덕택으로 다 해결해버리고 양쪽에서 다 돈을 받게 되었는데도 모자라서, 내가 생각을 해보니깐 옛날에 우리하고 제일 관계가 깊은 곳이 천주교회인데 주교님들한테 편지를 썼지. 그렇게 많은 돈을 주지는 않고…

유재철 가톨릭 부인회도 연락하셨습니까?

이상경 거기는 안했습니다. 주교가 알아서 하니깐. 근데 내가 제일 감사하게 생각하는 것은 그라쯔Graz(도시이름)에 있는 웨바Weber 주교님한테 편지를 했더니 이 양반이 부인회는 아니고 무슨 모임이 있는데 거기에 의탁을 해서 이런 편지가 나한테 왔는데 한번 검토를 해봐라. 돈이 얼마나 드는지 이상경이한테 물어가지고 검토를 해보라고 의탁을 했어. 그래서 편지가 왔잖아요. 왔는데 그 동안에 내가 여러 부처에서 돈을 받았으니깐 다음기회에 좀 도와달라고 하고 거절을 했어. 내가 감사한 생각이 듭니다. 그래서 몇 번 내가 그라쯔에 갔을 때 주교님을 만나려 했는데 서품 식이 끝나고 금방 가버리고 없어서. 한번도 개인적으로 만나지는 못했습니다. 그런데 그 분에게 제일 감사한 생각이 듭니다. 그래서 그런 행사를 했는데 한국 사람들하고 여기 사람들하고 많이 다른 것이 한국 사람들은 공직에 있으면 무슨 특권같이 생각을 하는 것 같아요. 그것이 아마 유교사상하고 관계가 되는 것이 옛날에 관리가 되려고 하면 대학도 공부해야 되지, 중용, 논어 같은 유교하고 관계되는 공부를 많이 하지 않았습니까? 많이 해서 그것을 잘하는 사람은 선비로서 공직에 등용되고, 못하는 사람은 공직하고는 관계되는 일을 할 수 없었잖아요. 그런데 그런 공부를 하고 공직에 오른 사람들의 생각이 좁아서 이 사람들이 무슨 남로당이니, 남로당이 아니고 무슨 당이지. 옛날에 이순신 장군 때 당파들이 당파싸움을 많이 했잖아요? 속들이 좁아 위기에 처했을 때 싸움만 하는 그런 속이 좁은 관리들이 우리나라를 여태까지 끌고 오지 않았는가. 좀 이 사람들이 마음을 크게 가질 수 없는지 말이야 그런 생각이 듭니다. 또 내가 한국 사람들 특히 대사들하고만 주로 접촉이 많았습니다.

일제 강점기에 다녔던 만주 길림성 국민학교를 방문하다

이상경 내가 1989년도에 북경에 국제회의가 있어서 거기에 참석을 했습니다. 회의가 끝나고 나서, 내가 여기 중국까지 와가지고 옛날에 살던 곳에 가보지도 않고 돌아간다는 것은 조금 유감스러워, 중국에 살고 있는 심양에서 온 사람이 있어서 그 사람하고 심양까지 갔다가 그 사람 동생하고 찾아갔습니다. 찾아가기 전에 중국 어느 교수를 통해가지고 옛날의 길림성, 서란현 현장한테 편지를 쓰게 했습니다. 이상경이란 사람이 오스트리아에서 왔는데 이 사람이 옛날에 자기가 다니던 학교도 보고 싶고 가능하면 도움을 주고 싶다. 그래서 가고 싶으니깐 한 번 이상경이가 가보고 싶다는 내용의 편지를 쓰게 해 내가 쓴 것 같이 내 이름으로 보냈는데, 가니깐 기다리고 있었습니다. 현장은 중국 사람이고 부현장이 우리 조선계

1999년 2차 방문시, 일제시대 때 다녔던 만주 길림성 조선학교, 학교 후원자 이박사의 동상도 보임

인거야. 길림성은 대게 그래요. 법원도 그렇고. 그래서 그분을 만났더니 그분이 내가 왔다고 축하연이기 보다도 환영식이라고 할까 몇몇 외사처 사람들, 외국하고의 관계를 취급하는 외사처 사람들하고 몇 명 불러가지고 나하고 저녁을 같이 먹었습니다. 먹었는데 자기가 나보고 그래. 절반은 나보고 내라 그러데? 그래서 그때만 하더라도 중국이 참 가난했습니다. 가난했어요.

유재철 89년이라고 그러셨죠?

이상경 네, 89년도. 그래서 그 근방 집들을 봐도 다 망가져가는 그런 집들에 살고 있고 아주 초라하게 살았어요. 내 생각에 이런 실정에서 나를 만났으니 내가 절반쯤 내도 되지 않겠는가 싶은 수수한 생각이 들었습니다.

유재철 그러니깐 이제 50년 후에 가신 거잖아요. 여기 계시다가 50

년 후에 갔는데 많이 변하긴 변했죠?

이상경 변하지 않았습니다.

유재철 지난번에 사진 보여주셨을 때는 그때는 좀 괜찮던데.

이상경 90년대 들어가서부터 달라지기 시작을 해요. 중국이 개방하고부터. 등소평이 정권을 잡고부터는 달라지기 시작했지. 개방을 하고… 내가 갔을 때는 옛날이나 그때나 별 차이가 없는 것 같아. 내가 살 때는 이런 전깃불도 없었으니까. 모두 가스나 석유등으로 사는 그런 시대였으니까. 아주 많이 달라졌습니다. 그래서 다음날 현 정부에서 지프차를 한데 내어주었습니다. 그래서 그거를 타고 평안 소학교를 찾아가서 그 학교 교장을 만나니깐 옛날 생각도 나고 아주 감개무량했습니다.

유재철 교장은 중국분입니까?

이상경 한국 분입니다. 한국학교니깐. 조선학교니깐. 그래서 이제 그 사람 전 교장하고 현 교장하고 만났습니다. 만나서 내가 작별을 할 때 1000불을 줬습니다. 미국 돈으로 1000불을 주고 작별을 하고 그 다음에 두 번째 찾아가서 그 당시에 나도 애들 학교 보내고 하니 돈이 없어. 돈이 없는데 우리 집에서 우리 부모님이 나한테 상당한 돈을 그때는 노태우 시대 같습니다.

유재철 유산을 주신 겁니까? 부모님께서?

모교(조선족 국민학교) 도우려다 사기를 당하다, 소송과 재판

이상경 줬어. 내 생각 같아서는 그때만 하더라도 우리 집사람이 자꾸 여러 곳에 기부조로 돈을 많이 내고 그래. 나는 그렇게 내는 것보다는 이렇게 학교를 위해서 돈을 쓰게 되면 더 의미가 있지 않을까. 직접 자기가 보고 하니 의미가 있지 않을까 싶어서 내가 두 번째 찾아가서 제의를 했습니다. 내가 돈을 좀 내서 길림시나 하얼빈시에다가 건물을, 어느 빌딩 안에 공간을 사가지고 거기를 세를 놓아서 세를 받은 돈으로 학교에서 사용하게 되면 상당히 효과 있는 일을 할 수 있지 않을까?

그래서 내가 투자를 했는데 교장이란 사람이 자기 처남한테 찾아가서 처남이 그 당시에 길림시 교육학원의 교장 이였어요. 초등학교 교사들의 훈련소지. 그 사람한테 찾아가서 그 사람하고 같이 길림시에다가 공간을 보고는 이런 공간이 있으니깐 나보고 사라고 해요. 사라고 하는데 거짓말을 해가지고 한 평방미터당 1400위안인데 2400위인을 요구를 했습니다. 그 말은 한 평 방당 1000위안을 떼먹은 거지. 그 공간에 들어간 사람이 의사인데 길림시 보건원에 있넌 의사가 들어갔는데 이 녀석이 1넌 분만 집세를 내고 2년부터는 내지를 않아. 내지를 않고 하는 말이 집에 물이 들어와서 자기 약이 많이 훼손돼서 손해를 많이 봤다는 거에요. 그래서 돈을 못 내겠다는 거야. 내가 기가 막혀서 중국에 있는 사람한테 부탁해서 만든 서류를 직접 여러 기관에 냈는데 반응이 없어요.

그래서 하는 수없이 또 전 주한대사 모저씨한테 찾아갔어요. 찾아가서 이야기를 했습니다. 내가 이런 일이 있는데 어떻게 했으면 좋겠는가 문의하였습니다. 이 양반이 내 서류를 외무부를 통해서 중국에 보냈더니 중국 길림성 외사처에서 받아가지고는 거기 가서 물어보니 똑같은 소리를 하거든 이 의사란 녀석이. 사실이 그렇다면서 답이 똑같아.

똑같이 오니깐 내가 어떻게 할 수가 없잖아요. 아무리 아는 사람을 통해서 압력을 넣고 해도 안 돼. 안 돼가지고 내가 재판을 시작했습니다. 처음에 그 당시에 부텐하우저Butenhauser라고 오스트리아 대사가 가 있었어요. 그 사람이 중국학과 조교를 하던 사람이거든. 그래서 내가 알지. 내가 이런 일이 있는데 도와달라고 그랬더니 서류를 공사를 통해 작성해 해당기관에 발송했으나 반응이 없어. 그래서 하는 수 없이 재판을 걸었지. 장춘에 있는 한국 사람에게 의뢰를 했는데 조선족 사람들 중에 믿을 사람이 없어요. 돈밖에 몰라. 항상 돈. 그 사람 통해서 재판을 했는데 그 의사란 녀석이 똑같은 소리를 해서 허위가 결국 들통났지. 자기가 거짓말을 했다는 것이. 거짓말을 한다는 것이 증명이 되어서 판정이 났습니다.

지방법원에서 나한테 긍정적으로 판결을 내렸으나 상대방에서 상소를 하니 고등법원이라고 중간에 중간 법원이 또 있습니다. 거기서도 재판을 해서 판정을 내렸는데, 재판소 소장이라는 사람이 판결 문서를 공개를 안 해. 공개를 안 해서 하는 수 없어서 대사관 통해서 편지를 네 통이나 내고 해도 반응이 없지 않습니까. 그래서 하는 수 없어서 내가 생각하기를 오스트리아 보다는 한국하고 중국관계가 더 깊고, 영향력이 한국 측이 더 있지 않을까 싶어서 이승곤이라는 대사가 또 있었습니다. 내 대구 후배이고, 또 대학도 후배인데, 이 사람한테 가서 이야기를 했더니 자기가 중국에 있는 대사관에다가 의뢰를 해보겠는데, 네가 정식으로 서류를 작성해 오너라, 그래요. 그래서 내가 정식으로 서류를 작성해서 대사관에 갔더니 이 사람이 나를 만나주지를 않아. 만나 주지를 않아서 서류를 두고 왔는데, 이 사람한테서 소식을 들은 적이 없습니다, 그래서 또 하는 수 없어가지고, 반기문씨가 외무부 차관할 때 반기문씨를 찾아갔습니다.

유재철　한국에 직접 가셨어요?

이상경　네. 내가 일본가면서 한국에 들렀습니다. 들려서 반기문씨를 만났는데, 이 사람 하는 말이 "당신 국적이 어디냐"고 물어. 그래서 내가 "오스트리아 국적 가지고 있다"고 그러니까, 하는 말이 "내가 이 서류를 중국에 있는 관리한테 보내면 그 사람들이 자길 어떻게 생각하겠느냐" 그러잖아. 그런 게 어디 있어. 나도 한국 사람으로 태어나고, 우리 집 부모가 그렇게 오래 살면서 세금도 내고, 친척들이 다 거기에 있고. 아무리 내가 여기 오스트리아 국적을 가졌다 하더라도 한국 피를 가진 사람이고, 한국에서 난 사람, 한국에서 사라고, 한국 정신을 가진 사람인데, 한국 정부에서 나를 이렇게 취급하는 법이 있느냐 말이야, 그런 생각이 듭디다.

그래서 내가 아무 말도 하지 않고 나왔습니다만. 내가 지금 생각하면 한국 사람들이 관리라는 사람들이 이렇게 속이 좁아 가지고 어떻게 관리가 될 수 있는가 하는 그런 생각이 듭니다. 그리고 오스트리아만 하더라도 내가 전혀 모르는 사람들한테도 가서, 모저

Moser 이 사람도 내가 전혀 몰랐거든. 모르는 데도 내가 가서 부탁을 하니까 서류 내용도 물어보지도 않고 처리 해주는데, 이 사람들은 딴 소리들만 하고, 자꾸 공적인 문제만 따지고, 그런 경우가 어디에 있습니까.

유재철 손해 보는 일은 절대로 안 하려고 하죠.

이상경 안 하려고 그래.

유재철 도와준다는 마음이 없는 거죠.

이상경 없어. 반기문만 하더라도 자기가 여기, 빈에 있을 때 나하고 접촉이 많았습니다. 대학에도 몇 번 오고, 그래서 내가 무슨 행사 있을 때마다 연락하니까 자기가 오고 그래서… 그리고 그 뿐만 아니라 여기 서울 대학 모임이 있지 않습니까. 요새는 없습니다만. 그 사람이 있을 때는 여러 사람이 나오고 그래서.

유재철 반기문씨는 무슨 과 나왔습니까?

이상경 정치과 나왔지. 나보다 한 10년 후에 나왔지. 그 때는 모르지. 누가 누군지 모르지만 같은 학교. 자기도 내가 누군지 알고, 같은 학교 나온 것도 알고, 여기 있을 때도 자주 만났어요. 그렇게 친한 친구는 아니지만 그래도 만나서 웃고, 같이 음식도 먹고 그랬는데 나를 그렇게 대하니까, 이런 사람들이 참 한국 관리가, 참 어떻게 답답한 것이, 그리고 내가 일이 추진이 잘 안 되가지고 여기 대통령 휘셔Fischer한테 내가 또 편지를 냈습니다. 냈더니 금방 비서를 통해서 회답이 왔는데, 사실 그 관계는 자기 소관은 아니지만 자기가 대사관에 연락을 해서 대사관에서 당신을 돕도록 그렇게 해보겠다, 그러더라구요. 이 사람들은 다 이래. 내가 1972년도에 왔을 때 처음 야레스아우스글라이히Jahresausgleich, 그 한국에는 그런 제도가 없잖아요. 세금.

유재철 연말에 세금 정산.

이상경 정산하는데, 회계사를 통해서 신청을 하지 않습니까. 하는데 기간이 있거든요. 언제까지 하라. 그런데 기간을 놓쳐버렸어. 그때 큰돈은 아니지만 나 같은 처지에서는 그것도 큰돈이지. 돈을 워낙 못 버니까. 그래서 처음 왔을 때 내 월급이 오 천 실링 밖에 안 됐습니다. 안 되고, 그 당시 아파트 집세가 1600실링 이니까요. 남질 않아. 나는 그런 시대이기 때문에 그것도 큰 돈이 될 수가 있지. 안도로시Androsch가 재무부장관을 할 때인데, 그 사람한테 우리 집 사람이 편지를 내서 자기가 시기를 놓쳤는데 어떻게 했으면 좋겠는가, 했더니 이 양반에게서 금방 회답이 와서 이렇게 하라. 이러는데 한국 관리들은 어떤가 말이야. 그래서 내가 답답해.

유재철 지금도 그래요. 2016년도 그러고 있어요.

이상경 이런 태도를 가지고.

유재철 먼기 생각이, 시고가 바꺼어야 해요. 공무원들의 사고가. 그래야 선진국이 되는 거죠. 돈만 벌면 선진국이 되나요. 그건 아니거든요.

이상경 그런데 일을 이렇게 사람들이 다루는 것이 말이지. 자기 앞길만 생각을 하고, 자기네들은 국민들이 내는 세금으로 자기 생계수단을 벌고 있잖아요. 버는데도 그런 의식이 없는 사람들. 의식이 없이 자기네들은 국민을 위해서 일을 해야 한다는 그런 생각들이 하나도 없으니 그것이 여기에 와서 내 경험을 통해서 절실히 느낀 점입니다. 여기 사람들은 그런 사람들을 보기 힘들어요. 국민의 부탁을 등한시하는 사람들이 드뭅니다. 가서 부탁을 하게 되면 자기가 할 수 있는 데까지.

유재철 최선을 다해서 도와주려고 그러죠.

이상경 봐주는 것이, 그것이 이제 일반적인데, 물론 그렇지 않은 사람들도 있겠습니다만. 내 경험으로서는 여기에 있는 관리들이 대개 다 그런데, 여기에 와서 내가 부탁을 해가지고 한 번도 거절을 당해본 적이 없습니다.

유재철 저도 마찬가지입니다.

이상경 그런데 한국 관리들은 왜 이러는가 말이에요. 이래가지고 나라가 어떻게 잘될 수가 있는가.

유재철 잘 되어가고 있지가 않죠, 어쨌든 박사님, 재판은 어떻게 되셨습니까?

이상경 재판소 소장이 서류를 내주질 않아. 그래서 내 대리로 일을 보는 사람이, 그 때 내가 말씀드렸다시피 재판소나 행정부에 다 한국 사람들이 들어가 있습니다. 그런데 장춘 고등법원에 한국인 관리가 한 사람 있었어요. 내 대리인이 이 고위직에 있는 사람을 어떻게 하다가 알게 되어서 그 사람한테 이야기를 했던 모양입니다. 이상경이가 지금 오스트리아에서 대통령하고 통해가지고 대통령이 지금 이 문제에 관여하고 있다. 그 말을 이 사람한테 했던 모양이라, 했더니 이 사람이 이제 길림시 부근에 있는, 거기도 한국 분이 있으니까, 부소장이 한국 사람이니까, 그 사람한테 그 내용을 이야기를 해서, 소장이 그때서야 발표를 했어요. 발표를 하기는 했는데, 하는 말이 "이상경이 시 정부에서 받는 돈을 자기가 가지지

스키장에 있는 세자녀. 1970년대

말고 학교에 주라고"말이죠. 내가 학교에 줄 수가 있어요? 거짓말쟁이들만 있는데. 그래서 일부는 학교 주라고 그러고, 전혀 안주면 언제 말썽을 부릴지 모르니까 주라 그러고, 나머지는 내가 받아가지고 가져왔습니다만, 대리로 보는 친구도 요구가 많아. 그래서 거기서 떼이고, 많이 떼였어.

조사자 좋은 일 하시려고 그러다가.

이상경 안 돼. 그러니까 중국사회라는 것이 그렇습니다. 그리고 옛날에 한국 배에서 폭동사건이 있었거든. 폭동 사건이… 조선족 사람들이 그 배에 타고 있었던 모양이야. 그 사람들이 반동을 일으켜 가지고 문제는 사람을 죽이고 한 모양인데, 내 생각 같아서는, 내가 내용은 잘 모릅니다. 배를 타고 일하던 조선족 사람들이 얼마나 괴로움을 당했으면 그런 짓까지 했을까. 그런 것은 한국 측에서 전혀 생각을 하지 않고 그 놈들 나쁜 놈들이라고, 그렇게 판단을 내리는 것은 잘못이라고 생각을 합니다.

유재철 조선족 사람들이 폭동을 일으킨 그 사실만을 문제 삼는 거죠.

이상경 우리 한국 배니까 우리 남쪽 선원들이 있을 거 아니에요. 그 사람들이 당했지. 당했는데, 그 남쪽 사람들이 얼마나 못된 짓을 했기에 폭동을 일으켰는가, 그 생각은 전혀 하지를 않는 것 같아요. 그 놈들만 나쁘다고 그러는데, 상대적으로 무슨 일이 있으면 양쪽에서 이야기를 듣고 판단을 내려야 해. 한 쪽에서만 말 듣고 그러면 저 놈만 나쁘지. 저 놈한테도 이야기를 들어야 판단을 내리지. 그러지 않고 판단을 내린 것 같습니다.

22.
가족 이야기(2)

세자녀가 다닌 프랑스 학교

이상경 내가 우리 집 애들 이야기를 다 안한 것 같아요. 우리 집 아이들이, 내가 말씀드렸다시피 프랑스 학교에 다녔습니다.

유재철 그럼 셋 다 프랑스 학교를.

이상경 셋 다. 그러니까 버는 돈, 학교에 다 들어갔습니다. 다 들어가서, 이 집 살 때도 빌려서 샀습니다. 빚을 산뜩 내어 가지고, 내가 2000년도 끝날 때까지 그 빚을 다 갚았습니다.

유재철 그 자제 분들은 프랑스 학교 나온 거 다 만속하고 있습니까?

이상경 그렇지 않습니다. 그렇지 않고, 프랑스 학교가 대외적으로는 평이 좋은 편입니다. 좋은데, 선생들이 좋아서가 아니고, 보내고 있는 부모들 수준이 높거든. 돈이 있고, 수준이 높기 때문에 자동적으로 다니는 애들의 수준이 높아지고 그런 경향이 있다고 봅니다. 우리 집 애들은 거기서 고생을 많이 했습니다. 다른 애들도 고생을 합니다만. 그래서 우리 막내만 하더라도 프랑스 말 특히 더 싫어합니다.

유재철 반감이 있었군요.

큰 딸 이은주(안젤라) 이야기

이상경 네. 근데 큰 애들은 그렇지 않고, 큰 애들, 둘은 나와 가지고, 큰 애는 여기서 일 다니면서 불어로 강연도 하고 그래요. 그러니까 내가 보기에는 상당히 하는 것 같아. 우리 집 둘째는 스위스에 있었잖아요. 로산은 불어지방이잖아. 불어지방인데, 자기 회사에서 불어하고 독일어 하는 사람이 자기 밖에 없어가지고 상당히 유리한 위치에 있었다고 그러는데. 그래서 그런 구석을 보게 되면 아무래도 한 나라 말이라도 특히 더 큰 나라 말을 한다는 것은 사회생활을 하는데 있어서 상당히 유리하지 않은가라는 생각이 듭니다. 그리고 우리 집 애들은 대개 90년대까지 다 학교를 졸업하게 됩니다. 학교를 졸업하게 되고, 우리 집 큰 애는, 딸은 86년인가, 87년 그 때 학교를 졸업하게 되고, 의학 공부를 하게 됩니다.

자기가 원해서 한 것이 아니고, 자기 말로는 내가 걔하고 어디 산보를 가면서 다음과 같은 이야기를 한 적이 있다 하더라구요. '네가 여기의 의학하고 동양 의학하고 그것을 잘 배워가지고 이용을 한다면 상당히 유리하지 않겠는가' 그 말이 자기로서는 내가 원한다고 생각을 했던 모양이야. 의학을 원하는 것 같이. 그래서 자기

큰 딸과 사위, 그리고 손자 손녀

가 의학공부를 시작을 했어요. 자기가 원해서가 아니고 내가.

유재철 아버지가 원하는 것 같은 느낌을 받았나 보군요.

이상경 그런데 자기가 여기에서 두 단계 의학공부, 두 단계까지는 여기 빈 대학에서 공부를 했는데, 집에서 내가 자꾸 물어보거든. 다음에는 무슨 시험을 치고, 무슨 시험을 쳤느냐, 물어보니까 그게 귀찮았던 모양이야. 부담이 되어서. 우리 애 엄마 집안에 의사가 많습니다. 그런데 다른 소식들이 들어와서 애들이 언제 공부가 끝나고, 자꾸 주변에서 이야기가 무슨 공부를 하고, 그런 말이 자꾸 들어오니까 나도 물어보게 되지. 그러니까 자기로서는 상당히 부담이 된 모양이야. 부담이 되어서 인스부르크로 옮겨 버렸습니다. 옮겨 가지고 할머니 집에 있으면서 거기서 3단계 공부를 하고, 1년간 공부를 하고, 의사가 되어서, 의사가 되면 프락티쿰Praktikum(실습) 해야 하지 않습니까. 그래서 자기는 1년은 더 인스부르크 대학에 소찌알메디찐Sozialmedizin(사회의학)한다고 쫓아다니면서 1년을 하고, 2년째에는 인도에 가서 했습니다. 인도 가서 했는데… 이런 말 하기 쉽지가 않습니다만 인도 가서 있으면서 인도 사람하고 결혼을 했잖아. 그래서 내가 가슴이 아파서 한동안 힘들었습니다만, 근데 내가 없는 동안에 남편을 데려와 가지고 여기서 살다가 애들이 둘이 생겼습니다. 그동안에 애 아빠는 죽었습니다. 죽고 애들만 남아 있는데, 지금 사람은 두 번째 남편입니다.

유재철 사진에 있는 아이들이…

이상경 두 번째. 그 남편이. 애들은…

유재철 애들은 인도사람 애들이죠?

이상경 응. 그렇지. 그래서 내가 상당히 불만을 가지고 보기도 싫어했습니다만, 죽고 나고.

유재철 병으로 죽었습니까?

이상경 예, 지금은 잘 지내고는 있습니다만, 사정이 그렇습니다. 그런데 딸 아이는 처음에는 피부과를 했습니다. 내과를 하고 싶었는데, 내과에 자리가 없어가지고 피부과를 하다가 피부과 학과장하고 마음이 맞지가 않아가지고. 이름이 뭐던가. 오스트리아에서 유명한 피부과 교수가 있었습니다. 그 분하고 맞지가 않아서 나와 버렸어요, 병원에서. 나와 가지고, 독일 국경이 있는 곳에서 이름은 모르겠어. 조그만 보건 무슨 건강 상담소 같은 그런 곳에서 일을 하다가 자기 마음에 들지 않아서 거기도 그만 두고, 그 다음에 정신과를 했습니다.

유재철 무슨 과요?

이상경 정신과.

유재철 아, 정신과요.

이상경 시코테라피Psychotherapie. 그것을 하면서 이제 신경 상담. 테라포이트Therapeut

유재철 정신 상담 아닙니까?

이상경 정신 상담이지. 정신 상담 치료사. 그것을 전문으로 해서 지금 자기 병원을 가지고 있습니다. 그게 자기 성격에 잘 맞는 모양입니다. 프랑스 학교를 다닐 때 걔는 이공계가 아니고 인문계에 있었거든. 인문계에 있어가지고 철학이니, 문학이니 그런 것을 좋아했잖아요.

유재철 그러면 그 쪽이 맞겠죠. 상담.

이상경 네, 그래서 그게 지금 참 마음에 잘 맞고, 환자들이, 고정 환자들이 백 명쯤 되나 봅니다. 그래서 다 받지를 못한대요, 환자들이. 그런 상태여서 경제적으로는 어느 정도 안정이 된 것 같습니다.

유재철 남편은 뭘 하는 분입니까?

이상경 남편은 독일 사람인데, 안경점을 했어요. 안경점을 하다가 그걸 다 팔고, 이제 인스부르크로 오게 됐지. 오게 됐는데, 지금 그뤼네 파르타이Grüne Partei(녹색당) 쫓아다니면서 거기 일을 많이 보고 다니는 것 같아요.

유재철 정치에 관심이 많은가 봅니다.

아들 이동희(마르틴) 이야기

이상경 네. 그리고 둘째는 이제 남자아이입니다만, 걔가 일 년 몇 개월 차 밖에 없습니다, 큰 애하고.

유재철 건축학 했다고…

이상경 건축학 했어요. 처음에는 전기공학을 했는데 그것이 마음에 들지를 않아가지고 2년 후에 그만두고 건축학을 공부를 했습니다. 건축학을 공부를 해서 한 9년 만에 공부가 끝났는데, 자기 말로는 그렇게 걸리는 게 보통이라고 그러네. 9년 반, 끝나고 나서—대학에 다닐 때도 여러 곳에서 건축 계통의 일을 보고 다녔습니다—친구들하고 국회의사당 부속 빌딩이라고 할 수 있을까?.

유재철 부속건물.

이상경 부속건물을 자기하고 친구들이맡아서 수리를하고, 그 후에 또 아이젠슈타트Eisenstadt(지방도시이름)에 있는 에스터하지 성Schloß Esterhazy이 있지 않습니까. 거길 맡아서 일을 했습니다만, 주정부하고 에스터하지 기금과 문제가 있어서 계속 일을 못하게 되어버렸어요. 서로 돈을 안내려고 해서. 지방 정부에서 돈을 내지 않으려고 그러니까 에스터하지 기금 혼자서 부담을 하려니까 비용이 너무 컸던 모양입니다. 그래서 그만 두고, 그 후에 스위스에 가서 스위스 호텔 건축 일을 하며 경험을 쌓고 지금은 비엔나에 와서 호텔 건축 일을 하고 있습니다. 비엔나 중심역 근방에 여러 호텔이 있습니다만, 어느 호텔인지는 모르겠습니다. 그 호텔을 자기가 지었어요. 그 다음에 독일의 바덴에 가서 우리나라 조선계 사람인데,

카자흐스탄에 와서 살면서 상당히 돈을 많이 모은 사람인 것 같습니다. 그 사람이 바덴에다가 호텔을 짓는데, 그 호텔을 짓다가 요새 중단상태에 있다고 그럽니다.

유재철 바덴바덴이겠죠?

이상경 바덴바덴.

유재철 건축 설계하고.

이상경 물론 설계지. 설계하고 나중에 설계 감독을. 요새는 슬로바키아의 별장, 러시아 사람인데 돈이 무척 많은 사람인 것 같습니다. 그 사람 별장을 짓고 있는데, 그 사람이 생각을 하는 것이 자기 별장을 짓고, 그 다음에 그곳에 유치원도 짓고, 학교를 지어서 학교 근방에 있는 아이들을 거기에다가 다 수용을 할 계획을 가지고 있는 사람이에요. 돈이 많은 러시아 사람이 그런 일을 생각하고 있다고 합니다. 그리고 자기하고 같이 일을 하는 사람이, 어디지, 하여튼 산에다가 호텔을 지금 짓고 있다고 그러네.

유재철 개인 회사입니까? 아니면…

이상경 개인 회사. 두 세 사람이 모여서 같이 하는. 그런 데서 일을 하고 있는데, 결혼 생활에 있어서 문제가 있습니다. 문제가 있는 것이 독일 여자인데, 애들이 둘이 생겼는데, 마음들이 맞지 않아서 같이 살지 않고 그 근방에 떨어져 나와서 살고 있습니다만, 상당히 문제가 있어서 걱정입니다. 애들 때문에. 애들이 어제까지 우리 집에 와있었습니다만.

둘째 딸 이선주(지타) 이야기

이상경 셋째가 계집애지 않습니까? 우리 집 막내는89년도에 프랑스 학교를 나와서, 내 잘못이 있습니다만, 자기는 불어는 잘하니까 영어라도 좀 더 배우라고 해서 미국에 일 년 홈스테이 형식으로 미국에 보냈는데, 잘못 걸렸어요. 잘못 걸렸다는 말은 내가 신청을 할 때 같은 방에 그 집 애 하고 같이 사용하면 좋겠다, 그렇게 내가 적었거든. 그것이 잘못이었어. 그랬더니, 제일 빈곤한 집에다가 애를 보내가지고, 제일 발달이 늦은 미시시피 주의 조그마한 동네에다가 보냈어요. 그 집으로 말하면, 부모가 같이 사는 집이 아니고, 아버지하고 딸 둘이 살고 있는 그런 집인데, 집도 아주 가난하고, 그런 집이라서 처음부터 도착을 하자마자 못 있겠다고, 같이 못 있겠다고 하는 전화가 자꾸 오고 그래서 우선 좀 견뎌봐라, 그러고 몇 달 두었습니다만, 하는 수 없어서 내가 8월 달에 보냈는데 12월 달에 성탄 휴가 때 내가 가서 데리고 왔습니다. 한 4개월 있었으니까 그래도 영어에 도움은 조금 됐습니다만, 내가 낸 돈은 일 년 치를 냈으니까. 손해가 상당히 많지. 그래서 데리고 왔더니, 여기 와서 공부라고 시작한 것이 메레스비올로기Meeresbiologie- 해양 생물학. 그걸 한다고 그러잖아요. 그런데 내가 바다도 없는 나라에서 무슨 해양 생물학을 하려고 하느냐. 그렇게 생각을 해도 반대는 하지 않았습니다. 반대는 하지 않고 있었더니, 한 일 년 하더니 또 마음에 안 든다고 그러네. 안 들어가지고 2년 째 생각을 하다가 무슨 학과를 택했으면 좋을지 모르니까 자기 오빠처럼 건축학 공부를 시작해서 에라스무스Erasmus 장학금을 받고 아켄Achen대학에 가 있었습니다. 아켄 대학에 가 있으면서 아켄 대학에 시험을 봐서 들어갔으면 좋겠다고 난 생각하고 있었는데 놀다가만 오잖아요. 놀다가 와가지고 여기에서 시험을 보려고 하니까 시험 날짜 잡기가 얼마나 힘든지, 그 말은 학생이 너무 많기 때문에. 어떻게 해당이 잘 안 되잖아요, 시험 볼 때.

유재철 건축학과요?

이상경 응. 학생이 많으니까. 해당이 안 되어가지고 또, 인스부르크로 가버렸어요. 인스부르크로 가서 인스부르크 대학에서 건축학을 하고, 건축학 공부를 끝내고 돌아왔습니다. 돌아와서 지금 건축회사에서 일은 하고 있습니다만, 그동안에 회사를 여러 번 바꿨어요, 회사를 바꾸고, 남자가 생겨서 남자하고 같이 살고 있습니다만, 여기 애들은 결혼이고 뭐고 없잖아요.

유재철 나이가 벌써 45…

이상경 네. 그니까 만나가지고 그렇게 살고, 또 애가 있으니까. 그렇게 살고 있습니다만, 나는 마음에 안 들지만, 반대 해봐야 고칠 수도 없고, 그래서 아무 말도 않고 있습니다.

유재철 손자에요, 손녀에요?

이상경 손자입니다. 손자인데…

유재철 하나?

이상경 하나입니다. 하나인데…

유재철 몇 살이에요?

이상경 지금 네 살.

이박사의 딸과 손자

유재철 자주 할아버지한테 오나요?

이상경 네, 이번 목요일에 또 옵니다.

유재철 그럼 엄마가 데리고 옵니까?

이상경 아빠도 데려오고, 엄마도 데려오고. 그런데 싫기는 해도 뭐 어떡하겠어요. 내가 싫다고 말할 수도 없고.

유재철 그래도 손자는 귀엽지 않으세요?

이상경 손자는 귀엽지만은, 그렇게 하는 것을 내가 자꾸 욕해봐야 나하고 관계만 나빠질 것이고, 그래서 어떻게 해볼 길이 없어서 그냥 묵인하고 같이 살게 두고 있습니다. 그런데 아무 말도 하지 않고, 지금 우리 집에는 이씨 성을 따른 손자는 걔 밖에 없습니다. 막내딸이 자기 애는 이씨로 해야 한다고. 그래서 이씨인데, 우리 아들 애들은 전부 독일 이름이잖아요. 내가 손자를 잘 키워서 한국말도 가르치고, 한국적인 문화도 소개를 해서 어떻게 해볼까 했는데 안 돼. 근데 애들은 자꾸 독일만 가고, 자기 독일에 있는 할아버지만 자꾸 찾아가고, 여기에 오는 것보다 엄마를 통해서 자꾸 그 쪽으로 더 기울이게 되고, 좀 힘듭니다. 그런 말은 내가 보통 안합니다만.

유재철 지금까지 자제분들 말씀해 주셨고, 이제 그 동안 1964년도에 결혼하셔서 지금까지 같이 살아오신 사모님과의 관계를 좀 이야기를 해주셨으면 좋겠습니다.

50년이 지나도 지속되는 오스트리아부인과의 문화적 차이

이상경 네. 근데 나는 비교문학을 하면서 내가 여태까지 연구해온 것이 동서양의 융합이 되는 점이 많은 것을 자꾸 내가 지적을 하곤 합니다만, 내 일상생활에 있어서 내가 느끼는 것은 상호 간에 상당히 차가 많은 것을 느낍니다. 예를 들어서, 나는 경상도 사람이기 때문에 우리 부모님들이 일상생활에서 어떻게 서로 지내 왔는지 내가 내 눈으로 직접 봤기 때문에, 나는 그 당시 생각이 내가 결혼을 한다면, 내 마누라는 절대로 그런 식으로 취급을 안 하겠다, 그런 의식을 가지고 있었습니다. 그래서 내가 처음에 만났을 때는 상호간에 존댓말을 썼거든. 한국에서 경상도 사람들은 남편은 부인한테 존댓말을 안 쓰는 그런 경향이 많습니다. 나는 그것이 싫어서 존댓말을 썼더니 얼마나 싫어하는지. 그래서 왜 자꾸 존댓말을 쓰냐고 말이지, 반항이 들어오고. 그리고 또, 생각에 있어서도, 음식

뿐만 아니라 풍속에 있어서도 동등하기보다는 차이가 더 많은 것을 가끔 느낍니다.

유재철 예를 들면요?

이상경 예를 들기는 조금 그렇습니다만, 예를 들어서, 금방 자기 생각을 말합니다. 그런데 한국 사람들 같으면 이렇게 조금 주저하고, 생각을 하고, 좀 예의 있게 말하는 것이 정상적입니다만, 싫은 생각을 하게 되면 금방 말을 하니까 상대방에서는 물론 한국에도 사람마다 다릅니다만. 표현에 있어서, 예를 들어서, 한국사람 같으면 앉으라, 할 때, '좀 앉으세요.' 그러지. 이 사람 같은 경우에는 '왜 앉지 않고, 서서 그렇게 이야기 하느냐.' 그렇게 말이 나오게 되면 좀 기분이 나쁘게 생각이 드는 경우가 있습니다. 직접 그런 식으로 표현에 있어서 차가…

유재철 저희들은 그런 것 같아요. 무슨 말을 할 때 상대방은 어떻게 생각할까, 미리 조금 생각을 하고 말을 하는데, 이분들은 그냥 생각대로 직선적으로 하는 그런 차이가 있는 것 같아요.

이상경 네. 여기서는 지방에 따라서 조금 다르긴 합니다만, 우리 집사람은 티롤Tyrol에서 자라났기 때문에 표현이 우리보다 상당히 직접적인…

유재철 싫으면 싫고, 좋으면 좋고.

이상경 네. 좀 주저하지 않고 그렇게 하기 때문에 어떤 때는 기분이 좋지 않을 때가 있지. 직접 그런 식으로 표현을 하게 되면. 좀 예의 있게 표현을 하지 않고 금방 반응이…

유재철 여기서는 부모 자식 간에도 그런 게 없지 않습니까. 우리는 부모님에 대한 어떤 예의라던가, 나이 들은 분들한테 어떤 예의부터 갖추는데, 여기 사람들은 그런 게 좀 적지 않나요?

이상경 여기서는 또 문제가 되는 것이 나는 한국 사람이기 때문에 내 나이에 내 이름을 부르는 것을 싫어하거든. 내가 우리 집사람이 "상경아" 이러면 듣기 싫거든. 그리고 다른 사람들하고 이야기 할 때도 내 이름을 자꾸 이야기를 하잖아. 그럼 나는 듣기 싫어합니다. 그런데 여기서는 일반화되어 있잖아. 그래서 자기가 다른 사람들하고 이야기하던지, 그렇지 않으면 사위하고 이야기 할 때 내 이름 부르지 말고 그저 할아버지라고 그러던지, 그렇게 말하는 게 좋지 않겠냐고, 나는 듣기가 싫으니까 그렇게 안 했으면 좋겠다고 해도 자꾸 그런단 말이에요. 습관화 되어 있어 가지고.

유재철 아무렇지도 않게 생각하시는 거죠. 이름 부르는 것이 자연스럽다고 생각하시니까. 우리와는 그런 차이가 있는 거죠.

이상경 미국에 사는 사람들이 더 그렇잖아요. 근데 우리는 그렇게 좋아하지 않거든. 여기에 오래 살아도, 자기 말로는 왜 여기 있으면서 여기 습관을 받아들이지 않았느냐.

유재철 그렇게 말씀하세요?

이상경 네. 그러는데, 나로서는 내가 옳다고 생각하는 것은 다 받아들여도, 내가 싫고 내가 가지고 있는 인생관과는 맞지 않은 것은 내가 받아들이지 않거든. 그러니까 내가 잘잘못을 판단을 해가지고 그것은 좀 부정적이라고 생각할 때는 안 받아들이고, 내가 그런 것을 받아드리길 원하지 않기 때문에. 그래서 마찰이 생길 때가 있어.

유재철 그럼 싸우신 적도 많으시죠?

이상경 몰라.

유재철 지금까지 그러면, 64년도에 결혼하시고 52년간 결혼 생활하셨으니까 그 동안 몇 번이나 싸우셨습니까?

이상경 몰라.

유재철 한 만 번 싸우셨어요? 수없이 싸우시고 말 안 하신 적도 있으신가요? 며칠 동안?

이상경 아니 근데 여기 사람들은, 특히 우리 집사람도 싸우고 나서 금방 달라지는데, 우리는 금방 달라지질 못하거든요. 우리는 갈등이 있으면 시간이 지나도 금방 이렇게 보통으로 돌아가지를 못하고 오래 걸리거든요. 그것을 극복을 해야 하는데 극복을 잘 못하거든. 여기 사람들은 금방 제자리로 돌아가요.

23.
마무리

한국사회의 근본적 문제-유교 사상과 관련하여

유재철 박사님, 이제 인터뷰를 마무리해야할 것 같습니다. 이제 마지막으로 작금의 한국사회에 대한 박사님의 의견을 말씀해 주시면 좋겠습니다.

이상경 내가 여태까지 이야기한 측면에서도 느낄 수가 있었다고 생각합니다만, 내 생각 같아서는 경제 발전도 중요하다고 생각합니다만, 경제 발전이 올바른 정신문화를 기반으로 하지 않은 경제 발전을 한다는 것은 그것은 좀 위험한 일이 아닌가… 그런 생각이 듭니다. 그 말은 경제 발전을 하기 전에 먼저 사상적인 기반이 서있지 않으면 안되지 않을까. 사상과 사회적 기반이 단단히 서야만 옳은 경제 발전을 할 수가 있다고 생각합니다.

그런데 자고이래 전래해 온 사상으로서는 유교 사상이 있고, 노자 사상이 있습니다. 유교 사상은 한국 문화형성과 정신과학에 막

대한 영향력을 미친 사상이고, 일반 국민에게 있어서는 우리가 의식적으로 느끼지는 않고 있습니다만, 도교 사상이 많은 영향을 끼쳐서 우리의 미신적인 사상과 융합이 되어 있는 것 같습니다.

그래서 우리에게 중요한 것은 한국에도 철학가도 있고, 문학을 공부하는 학자도 있고, 사회학을 공부하는 분들이 있습니다. 그런데 이런 사람들이 중심이 되어서 서양철학만 공부를 하지 말고, 동양철학을 토대로 해서 서양에서 우리에게 맞는 사상을 받아들여서 한국적인 사상 토대가 서지 않으면 안되지 않을까 그런 생각이 듭니다.

그런데 그렇게 말을 하면 막연하다고 생각을 할 수 있습니다만… 예를 들어서, 우리에게 유교 사상이 있습니다. 이 유교 사상이라는 것은 옛날에 공자가 그 시대에 맞게 개발한 유교 사상, 주자 이후의 유교 사상과 많은 차이가 있는 것으로 생각합니다. 주자학에 있어서는 공자 시대의 유교 사상보다도 매사를 훨씬 엄격히 해석을 해서 사람들을 더 사회생활을 하는 데 있어서 얽매이게 하는 그런 흐름이 있고 퇴계 이황, 이런 사람들의 사상도 주자 사상에 의존하고 있는 바가 더 크다고 생각합니다. 그래서 유교 사상, 우리에게 전해 온 유교 사상이라는 것은, 서양의 서양 철학, 종교 철학과는 완전히 달리, 이것은 우리가 현재 현세를 중심으로 하는 그런 사회의 제도를 확고 시키기 위한 제도화된 그런 사상이라고 생각합니다.

이 사상이 우리에게 설득력이 없다면 이것은 아마 죽은 그런 제도와 다르지 않을까. 그 말은 이 사상을 일반화해서 종교화할 수는 없습니다만, 인도화, 휴머니즘, 그리고 박애정신 이런 것이 유교 사상에 부가되어서 우리의 사회생활에 있어서 우리의 행동을 지배하는 그런 도덕관이…

유재철 근본이 되어야…

이상경 근본이 되지 않으면 되지 않을 것이라고 생각합니다. 그러니까 어떤 처지에 있어서 우리가 행동을 취할 때 그저 사회가 요구를 하기 때문에 이렇게 행동을 해야 된다는 생각보다는 인도정신, 박애정신에 입각하여 우리가 행동을 취하게 된다면 이것이 사회 생활을 하는 데 있어서 훨씬 유효한 영향력을 행사할 수 있지 않을까 하는 생각이 듭니다.

유럽만 하더라도 유럽의 정신이 그렇게 힘이 있는 것이 기독교 정신이 일반적으로 사회문화를 형성하고, 그리고 윤리관을 지배를 하고 있기 때문에… 특히 유럽에 종교관이라는 것은 그것을 넘어서 내세와의 관계, 그리고 박애정신과 융합되어 있기 때문에 이것이 유교정신 하에서 생기는 일반 사람들의 윤리관보다도 훨씬 더 사회적인 힘을 발휘하고 있지 않을까, 그런 생각을 가지고 있습니다.

그렇기 때문에 우리 철학자들이 이와 관련하여 사회생활을 하는 데 있어서 토대가 되는 그런 윤리관을 재검토해서 우리에게 맞는 그런 윤리관, 마음에서 우러나는 윤리관이 생겨나지 않으면 안되지 않을까… 그런 생각이고, 그런 욕심. 그리고 또, 우리 2세에 대해서는 여기 2세는 여기에서 나고 자라지만 한국말은 할 줄 압니다.

그러나 한국 정신이 희박한 사람들이기 때문에 특히 더 한인 사회에 있어서 한국에서 온 한국인들을 중심으로 하는 모임이 되지 않고, 여기에서 살고 있는, 한국 피를 같이 하는 모든 동포들의 모임이 되어야 하지 않을까. 여기서 자라나는 2세들을 중시하고, 그들에게 관심을 가지고, 장래 생활에 있어서 그들의 장래를 걱정을 해주고, 좀 돌봐주는 그런 필요성이 있지 않을까.

그렇게 생각을 합니다. 그리고 또 다른 소망으로서는 물론 한국 경제가 그 동안에 많이 성장을 했습니다. 성장을 해서 2만 불 선을 훨씬 넘는 경제력을 가지고 있어서 아프리카나 동남아 국가에 비해서 상당히 물질적으로는 많이 발달한 그런 나라라고 생각을 합니다.

한국 센터를 설립해야 한다.

이상경 그런데 이런 경제력을 유지하는데 있어서 한국문화의 보급도 중요하지 않을까. 물론 세계에 널리 퍼지게 하기 전에 국내에 있어서 이것이 정리가 되어야 하겠습니다만, 국내에 있어서 우리 문화를 정리를 하고, 그 다음에 외국에 있어서 우리 문화를 소개를 해서 한국의 이미지를 여러 곳에 보급을 해야 되는데, 보급을 함에 있어서 한국의 문화센터 같은 것이 필요하지 않을까.

그런데 이것은 모든 곳에 다 둘 수는 없고, 한 두 곳에 지정을 해서 특히 비엔나, 뮌헨 같으면 동북 권에 진출을 하는 데에 있어서는 상당히 좋은 위치에 있으니까, 빈 대학에 한국 문화센터 비슷하게 코리아 센터를 만들어서 거기에 한국적인 그런 강의를 집중적으로 할 수 있는 그런 센터가 하나 생기면 좋지 않을까라는 그런 생각이 듭니다. 여기뿐만 아니라 베를린 같은 데, 베를린 자유대학 같은 데에도 가능성이 있지 않을까. 거기에 생긴다면 독일 중심이 되겠지만, 뮌헨 같은 이런 곳은 동북 권의…

유재철 그니까 문화원 말씀하시는 거죠?

이상경 문화원인데, 이것이 문화만 소개하는 것이 아니고…

유재철 예, 문화원, 문화센터.

이상경 한국적인 것, 정치, 경제, 뭐 모든 것. 한국적인 특수 문화, 모든 것을…

유재철 한국 코리아 센터. 이렇게 말할 수 있겠네요.

이상경 네. 근데 여기서 그런 이야기를 할 수 있는 사람들이 별로 없으니까 한국에서도 한 학기 쯤 누가 와서, 몇 사람 와서 강의도 하고 또 교대로 돌아가면서 하면, 그 사람들이 여기서 받는 감명 같은 것도 있을 거고… 그 사람들에게도 도움이 되고, 또 여기 사람도 한국적인 것을 소개하고 여기 것을 배울 수 있는 그런 계기가 되지 않을까. 근데 내가 보니까, 최근에 체코 같은 나라에도 한국의 기업들이 많이 들어가 있습니다. 현대도 들어가 있고, 삼성도 아마 들어가 있겠지. 여러 기업들이 많이 들어가서 그 나라 자체 내에서, 즉 체코에서 한국을 연구하는 그런 곳이 들어있는 것 같아요. 들어있는데, 그 사람들은 여기 견지에서 연구를 할 것 아니야.

그런데 우리 쪽에서 우리 것을 소개할 수 있는 곳이 있으면 그것이 그 자리를 더 빛나게 맡게 하지 않을까… 여기 사람들은 자신들의 견지에서 한국을 연구하고, 자기네들의 이용가치를 따져 자기

내 이해관계가 중심이 되겠지만 한국 사람들이 여기에 와서 한국학을 하는 사람들에게 한국을 소개를 한다면, 좀 그것이 조정이 되고 상대성을 나타내지 않을까, 최근에만 하더라도 옛날과는 달라서 내가 대학 재직시와는 달리 지금 상당히 한국에 대한, 물론 경제력하고도 관련이 됩니다만, 관심을 가지고 있는 사람들이 많은 것 같습니다.

한국어학과 학생들만 하더라도 지금 100명 이상이 된다고 하니까, 내가 있을 시기만 하더라도 생각도 할 수 없는 숫자의 학생들이 한국학을 공부하고 있으니까, 그런 학생들을 잘 이용해서 그런 학생들에게 한국적인 입장에서 한국학을 소개한다면 어느 정도 균형이 맞고, 올바른 한국에 대한 인식이 소개 되지 않을까, 그런 욕심입니다.

유재철 박사님, 그럼 지금 한국학과에 학생들 중에 한국 가서 공부하고 싶은 학생들도 많이 있겠죠?

이상경 있겠죠. 내가 직접 물어보진 않았지만, 있겠죠. 그 사람들이 한국에 유학가야만 하고…

유재철 한국에서 그 학생들을 지금 어떤 경제적으로 도와주거나 하는 그런 프로그램은 없죠?

이상경 상세한 것은 모르겠습니다. 최근에 많이 달라졌기 때문에 내가 현실을 모릅니다.

유재철 이제 인터뷰를 끝내야 하겠습니다. 그 동안의 말씀 감사드리고요. 정말 수고 많으셨습니다.

늘 건강하시기 바랍니다.

이박사의 손자와 손녀로 만든 달력

가계도

이 성 우(부) ——— 신 주 남(모)

이 상 경(나) ——— 마가렛Margarette(처)

이 은주(안젤라) Angela – 토마스 슐체 Thomas Schultze / 이 동희(마르틴) Martin – 빌깃 풀테 Birgit Pulte / 이 선주(지타) Gitta – 베른하르트 랑 Bernhard Lang

야닉(Yanig), 다라(Dara) / 조애(Zoé)나리, 재호(Keno) / 이재영(야콥Jakob)

이상경 연보

1934	10월 2일 대구에서 출생
1940-45	만주 길림성과 대구를 오가며 국민학교를 다님
1953	경북고등학교 졸업
1957	서울대학교 문리과대학 영문학과 졸업
1961	서울대학교 대학원 독문과 중퇴
1962	오스트리아 인스부르크 대학 유학
1968	상기 대학에서 박사학위 취득(독일문학)
1972	빈 대학 일본학과(한국어강좌) 강사, 연극 학과(동양연극학) 강사
1975	일본국제교류기금 초청, 일본에서 일본 연극 연구
1981	'노와 유럽 연극 세계'란 논문으로 빈 대학에서 교수 자격 획득
1985	오스트리아 정부 펠로우쉽으로 7개월간 미국과 캐나다 저명 대학 방문
1988	비교연극학 담당 교수(A.o.Professor)
1990	일본 학술진흥재단 초청으로 미국 연극계와 일본과의 관계 연구
1991	일본지바(千葉)대학 초청 객원 교수. 비교문학 및 비교연극학 강좌
1994	일본대학 국제학부 초청 객원 교수. 비교문학 및 비교연극학 강좌
1996	일본 여러 대학 초청으로 특별강연 〈동경 에도(江戶) 박물관, 야마구찌(山口)대학, 야마구찌(山口) 현립대학, 규슈(九州) 산업대학, 가나가와(神奈川)대학〉

1997	스위스 취리히대학 초청 객원 교수. 비교문학 및 비교 연극학 강좌. 그외 독일 여러 대학에서 비교문학과 비교 연극학 강좌
2000	일본학술진흥재단 초청으로 일본 연극 연구. 일본 히도즈바시(一橋) 대학에서 공동강의. 초청강연: 와세다(早稲田)대학, 무사시(武蔵)대학, 쓰다쥬크(津田塾) 여자대학, 쥬오(中央)대학, 히드즈바시(一橋)대학, 야마나시(山梨)대학
2002- 2003	경북 대학교 초빙교수. 주제발표 및 초청강연: 한국일본학회 제 65회 학술대회, 동아시아 일본학회 2002년도 추계 국제 학술대회, 한국 일본 근대학회, 2002년도 한국 독일 어문학회, 그외 부산 대학, 전북대학 등 학술 강연.
현재	빈 대학 명예교수
저서	박사논문과 교수자격 논문 등 10권의 저서외 비교문학, 비교연극학, 한국 연극 문화에 관한 논문 포함하여 약 100여 편의 논문을 독일 및 미국 저명 잡지에 발표. 한국의 대표적 소설가 이청준 작품의 독일어 역 4권.
수상경력	· 2000년 김대중 대통령으로부터 사회 및 학문 발달의 기여에 대해 국민훈장 동백장 받음 · 2001년 오스트리아 대통령으로부터 십자 공로 대훈장(Grand Decoration of Honor) 2004년 제 12회 KBS(한국 방송공사) 해외동포상(인문 사회 부문) 수상 · 저서 『노와 가부키의 미학』 : 2004년도 대한민국 학술원 기초학술분야 '우수학술도서' 선정. · 저서 『일미연극의 만남(日米演劇の 出会い)』 : 2004년 일본 도서관협회 예술문학 분야 '선정도서' 로 지정